DÉVELOPPEMENT

DE MON PROJET

D'ENCAISSEMENT DE LA DURANCE,

ET

RÉPONSE

A DIVERSES QUESTIONS AUXQUELLES IL A DÓNNÉ LIEU ;

PRÉCÉDÉE

D'UNE ADRESSE A SA MAJESTÉ EN SON CONSEIL D'ÉTAT ET D'UNE
NOUVELLE SOUMISSION ;

Par le Sieur ÉTIENNE - GASPARD BILLARD , Avocat,
demeurant à Aix.

Sic vos non vobis......... VIRG.

AIX,

DE L'IMPRIMERIE DE FRANÇOIS GUIGUE, IMPRIMEUR DU ROI,
RUE BOURG - D'ARPILLE , N. 1.

1825.

A SA MAJESTÉ

En son Conseil d'État.

S I R E ,

La Durance a toujours ravagé la partie
la plus précieuse de la Provence, et la ravagera
éternellement.

Son encaissement, qui seul peut mettre fin aux maux qu'elle cause et la rendre beaucoup plus utile qu'elle n'a pu être nuisible, a toujours rencontré des obstacles qui n'existent plus : aujourd'hui il dépend entièrement de la volonté de VOTRE MAJESTÉ.

Pour l'effectuer d'une manière sûre et avantageuse à la prospérité publique et pour rendre cette rivière navigable, j'ai imaginé un moyen que tous les riverains jugent infaillible, et auquel personne n'avait encore pensé. Il est expliqué et développé dans les deux imprimés ci-joints, contenant le Projet, ma Soumission pour son exécution, et ma réponse à **tous** les doutes présumables.

Il suffit de le connaître pour être convaincu de sa simplicité et de sa bonté.

Par sa nature, par son étendue et son importance, il sort de la classe des opérations et des entreprises ordinaires, qui sont à la portée de tout le monde, que chacun peut exécuter, et qui sont l'objet spécial de la loi du 16 septembre 1807.

Lorsque son auteur demande l'autorisation de VOTRE MAJESTÉ pour l'exécuter sans réclamer ni secours ni avances, il ne doit pas être soumis, comme les entrepreneurs de ces opérations, à la dépense des plans et travaux préparatoires que cette loi exige de ceux-ci, parce qu'il n'a pas comme eux la certitude d'en obtenir la concession, ou au moins d'en être remboursé; d'autant mieux que ces dépenses, dont il n'a pas besoin, tendent uniquement à éclairer le Gouvernement.

Si dans un cas de cette nature il y était soumis, le plus souvent on nuirait à l'amour du bien public, on étoufferait l'esprit des découvertes, on mettrait leurs auteurs dans l'impossibilité de les mettre au jour, parce qu'ils ne voudraient pas ajouter à leurs études une dépense considérable qui pourrait être perdue pour eux, et on priverait l'État des avantages qu'il aurait à en recueillir.

Cela est bien plus sensible dans la circonstance du projet actuel qui est extrêmement vaste, qui intéresse la prospérité publique sous tous les rapports, et qui promet à l'État des bénéfices considérables sans lui rien coûter; parce que ces dépenses préparatoires sont telles et si importantes, que son auteur ne pourrait les entreprendre sans en avoir obtenu la concession qui ne peut guère être exécutée que par celui qui l'a imaginé.

L'intérêt public et celui de la prospérité du royaume sont la première règle des mesures à prendre dans une entreprise aussi majeure, aussi nécessaire, et autant utile; c'est pourquoi j'ai recours à vôtre justice.

Je supplie VOTRE MAJESTÉ *de vouloir bien ordonner, que ma soumission ci-jointe pour l'encaissement de la Durance depuis le détroit de Mirabeau jusqu'au Rhône sera admise, et que je serai autorisé à l'exécuter aux conditions y contenues, à la charge par moi de faire lever et deposer, dans l'année, auprès du Gouvernement, les plans conformes à ceux prescrits par la loi du 16 septembre 1807, contenant l'indication et montrée de mon projet avec tous les nivellemens, profils et annotations en dépendans : et si* VOTRE MAJESTÉ *le juge plus sage, d'ordonner que préalablement je serai autorisé à faire faire, aux frais de l'État, la lévée du plan de la Durance et de ses bords tels qu'ils sont actuellement, contenant la montrée de mon projet et de tout ce qui en depend avec les profils, nivellemens et indications nécessaires pour le faire connaître parfaitement, afin que* VOTRE MAJESTÉ *puisse l'apprécier, pour être ensuite par elle statué sur ma soumission, à la charge par moi d'en rembourser les frais à l'État dans le cas où elle serait admise.*

Je suis avec le plus profond respect,

SIRE,

DE VOTRE MAJESTÉ,

Le très-humble, très-obéissant
et très-fidèle serviteur et sujet,

BILLARD.

Aix, le 29 Mai 1825.

SOUMISSION.

JE me charge d'encaisser la Durance depuis
le détroit de Mirabeau jusqu'au Rhône, con_
formément au plan qui en sera fait, et aux
conditions suivantes.

ARTICLE PREMIER.

Je ferai à mes frais, et sans pouvoir demander ni avances ni secours, le susdit en_
caissement et tous les travaux en dépendans,
jusqu'à son entier perfectionnement, suivant
ledit plan.

ART. 2.

Je m'oblige à faire le lit de l'encaissement
dans l'espace de dix ans à dater du 1.er janvier
qui suivra l'admission de ma soumission, et de
le perfectionner dans celui de 40 ans qui
suivront le susdit delai.

ART. 3.

Je serai obligé à commencer les travaux
dans l'espace de trois ans, à dater de la même
époque ; faute de quoi je serai déchu, et ma
concession sera révoquée de plein droit.

ART. 4.

Le Gouvernement mettra à ma disposition , pendant le premier délai de dix ans , les soldats travailleurs de quatre régimens , auxquels je donnerai la haute paye qui sera fixée par lui.

ART. 5.

Pendant la durée de l'entreprise , et à dater de l'adoption de ma soumission , je jouirai de tous les droits et priviléges du Roi pour son exécution ; j'aurai celui de prendre les propriétés particulières qui pourraient être nécessaires , moyennant une indemnité préalable que je serai tenu de payer conformément aux lois, et de laquelle je serai remboursé par l'État en valeur de terres prises sur la portion qui lui reviendra par suite de l'encaissement , à dire d'experts convenus.

Je jouirai en outre de la rivière , de son lit et de tous leurs produits et revenus.

ART. 6.

Il m'est accordé à titre d'indemnité 1.º la moitié des terres et de tout ce que le Gouvernement gagnera par l'effet de l'encaissement , laquelle moitié des terres sera prise en deux corps, l'un à partir du détroit de Mirabeau sur la rive droite de la rivière , l'autre à partir de la Roque sur la rive gauche ; 2.º la moitié de

la plus value de toutes les propriétés, droits et
établissemens de tout genre qui en retireront
quelque avantage.

ART. 7.

J'aurai la faculté de construire un ou deux
ponts en pierre aux endroits qui paraîtront le
plus convenables, et d'y percevoir pendant le
susdit terme la même rétribution qui se per-
çoit au pont de Bon-pas.

Le premier pont portera le nom et la statue
du Roi.

ART. 8.

Le Gouvernement entrera en possession de
la moitié lui revenant aussitôt que les terres
gagnées par l'encaissement pourront être mises
en culture et dans le commerce.

ART. 9.

A l'expiration desdites 50 années je remettrai
au Gouvernement la rivière, son lit, tous
les travaux qui doivent opérer son encaissement et qui en sont dépendans ainsi que les
ponts, en bon état, et je serai entièrement li-
béré du tout; alors le Gouvernement en prendra
possession et en jouira sans que je puisse y rien
prétendre autre que ce qui fait l'objet de mon
indemnité, suivant l'article 6, et le Gouvernement sera seul chargé de son entretien.

ART. 10.

En commençant les travaux et dans le délai de six mois, je serai obligé à faire lever à mes frais le plan général de toutes les propriétés, droits et établissemens qui seront présumés profiter de l'encaissement, en distinguant chaque droit, chaque propriété, sa nature, son étendue et ses circonscriptions, conformément aux dispositions de la loi du 16 septembre 1807.

ART. 11.

Dans le temps opportun et conformément à cette loi, je ferai procéder à l'estimation de la plus value desdits droits, propriétes et établissemens dont la moitié m'appartiendra à titre d'indemnité suivant l'art. 6 ci-dessus, et je serai autorisé par l'admission de ma soumission à la percevoir.

ART. 12.

Pour le recouvrement de ladite plus value je jouirai de tous les droits et priviléges que ladite loi y attache.

Fait à Aix, le 29 mai 1825.

BILLARD.

DÉVELOPPEMENT

DE MON PROJET

D'ENCAISSEMENT DE LA DURANCE,

ET

RÉPONSE

AUX OBJECTIONS PRÉSUMABLES;

PRÉCÉDÉE

D'UNE ADRESSE A SA MAJESTÉ EN SON CONSEIL D'ÉTAT ET D'UNE NOUVELLE SOUMISSION.

LE projet d'encaisser la Durance depuis le détroit de Mirabeau jusqu'au Rhône, n'est pas nouveau. Déjà plusieurs fois il a été formé et présenté, mais il n'a jamais pu être exécuté, soit à cause de la difficulté de concilier tous les intérêts, soit à cause de certaines prétentions exagérées, soit enfin parce que les deux rives de cette rivière appartenaient à deux souverains différens D'ailleurs, il semble qu'il soit dans la nature de la faiblesse humaine, que les choses les plus claires et les plus utiles soient celles qui éprouvent le plus de contrariétés et d'obstacles.

Aujourd'hui ces motifs n'existent plus : d'une part, le Comtat a été uni à la France ; de l'autre, nos lois ont remis chacun et chaque droit à sa véritable place, et la loi du 16 septembre 1807, en consacrant les droits de chacun, a donné à l'autorité royale, le pouvoir et le moyen de vaincre toutes les difficultés, pour faire le bien public.

Puisque tous les obstacles n'existent plus, jamais moment n'a été plus propice pour l'exécution d'une entreprise que l'humanité sollicite et que l'intérêt de l'État et de la Provence réclament impérieusement : une entreprise la plus nécessaire pour le bien de tous, désirée de tout le monde, et dont les avantages sont incalculables.

Chacun sait que la Durance a toujours été le fléau de la Provence à cause de sa rapidité, de son inconstance, et de ses dévastations ; chacun sait qu'elle a changé quelquefois de lit et ravagé diverses parties de cette province, qu'elle peut en changer encore à chaque instant, et qu'elle menace toujours les contrées qui l'avoisinent.

En la fixant dans un lit invariable et duquel elle ne puisse plus sortir, son encaissement donnera à toutes ces contrées la sûreté qu'elles n'ont pas ; en détruisant le génie dévastateur de ce fléau, il préviendra tous les maux qu'il ne cesse de faire ; il donnera le moyen de porter sans peine et sans danger la fertilité, l'industrie et l'abondance, partout où ses eaux pourront atteindre.

D'un côté, il procurera à l'État et aux propriétaires riverains des bénéfices considérables, il garantira les propriétés de ses fureurs, il assurera leur existence et leur conservation ; de l'autre il fera cesser avec les difficultés de son passage les dangers auxquels sont exposés les voyageurs et ceux qui la fréquentent, et les accidens malheureux qui trop souvent en résultent ; il assainira les contrées voisines en fesant disparaître les marais et les lagunes qui se forment sur ses bords ; il mettra les plaines latérales à l'abri de la violence des vents qui les désolent et qui en sont un second fléau ; enfin il la rendra navigable.

Il serait bien difficile d'imaginer que l'exécution d'un projet aussi utile pût éprouver quelque contradiction, quand ses avantages sont si certains, et si grands ; quand elle n'exige aucune avance, aucune dépense du Gouvernement ni de ceux qui doivent en recueillir le fruit ; et quand j'en prends sur moi seul la charge, sans que dans aucun cas il puisse en résulter ni danger ni préjudice pour personne.

Le mode d'encaissement que je propose, inconnu jusqu'ici, et auquel personne n'avait encore pensé, repose sur une base simple comme la nature, invariable comme elle; sur une base qui peut facilement se prêter à toutes les modifications que le caractère de la rivière et la localité peuvent exiger.

En publiant mon projet et ma soumission, j'ai eu bien moins en vue les savans et les gens de l'art, que tous ceux qui connaissent la Durance ou même qui ne la connaissent pas; parce que ceux-ci sont les premiers juges, les juges naturels de la chose; j'ai voulu porter la lumière et la conviction dans l'esprit et dans le cœur de tout le monde.

Je n'ai pas cherché à faire de la science, mais à parler le langage de la nature et de la raison, mais à dire des vérités qui pussent être connues, appréciées par les lecteurs de toutes les classes, et dont les rapports avec l'utilité publique et l'utilité particulière pussent être généralement sentis; c'est pourquoi j'ai parlé de manière à être entendu facilement de tous, c'est pourquoi je continuerai de parler de même; d'autant que les termes de l'art me sont peu familiers, et qu'ils ne peuvent rien ajouter à la clarté de la chose, ni au sentiment de la vérité qui appartient à tout homme, et qui doit le diriger.

Jusqu'ici il n'est pas venu à ma connaissance que mon projet ait donné lieu à aucune objection réelle ou sérieuse; mais j'ai su que plusieurs personnes regrettent que je ne lui aie pas donné de plus grands développemens, que d'autres en prennent texte pour manifester quelques doutes, ou, pour mieux dire, des craintes sur sa bonté, ou sur son effet.

On dirait que sa simplicité inspire la méfiance, et qu'il ne soit pas possible de croire qu'une chose qui saute aux yeux, qui paraît si facile, ne cache pas quelque vice qu'on ne devine point; quand au contraire c'est cette simplicité même qui garantit davantage sa bonté. Cependant je défie bien ceux qui voudraient dire que cet encaissement ne réussira pas, de le prouver par des raisons vraies-et solides.

Les mêmes motifs qui m'ont porté à le rendre public, m'engagent à donner ces développemens, et à dissiper tous les doutes: en conséquence, je raisonnerai, d'abord, sur mon projet, ensuite sur ma soumission pour son exécution.

Je m'abstiendrai encore de parler de mes moyens d'exécution, parce qu'ils sont étrangers à la bonté du projet, et parce que, comme je l'ai déjà dit, c'est une affaire qui m'est personnelle et qui n'intérèsse personne, puisque j'ai seul à en courir toutes les chances et tous les dangers ; d'ailleurs mon intérêt personnel est le plus sûr garant de son exécution et de son succès, puisque mon indemnité ne peut être assurée que par son résultat.

A cet egard, il me suffira de dire que M. Saurin, machiniste à Aix, qui a construit sur la Durance le pont de bois de Bon-pas, dont tout le monde admire la solidité et la bonté, veut bien se charger de diriger son exécution, tant il est convaincu de sa réussite; et qu'il a eu la complaisance de me fournir quelques instructions utiles.

M. Saurin, qui a employé cinq ans à cette construction, qui a connu, étudié et exploré cette rivière, qui a éprouvé ses vicissitudes, ses variations et ses différentes crues, qui joint à l'expérience et à une connaissance parfaite de son caractère les talens et les lumières nécessaires pour une opération de cette importance, et qui en a donné une preuve irrécusable, est déjà pour moi une garantie qui peut avoir beaucoup de poids aux yeux du lecteur, parce que son opinion doit avoir un prix que beaucoup d'autres n'ont pas.

Je passe à l'examen du projet :

On se rappelle qu'il consiste à diriger le cours des eaux en ligne parfaitement droite d'une montagne à une autre, de manière qu'elles ne puissent former de déclinaison qu'en côtoyant ces montagnes qui les maîtriseront en les caressant et les conduiront naturellement et sans répercussion dans la nouvelle ligne droite qu'elles auront à parcourir.

On se rappelle que pour les conduire et les

contenir dans cette direction, je leur assigne un lit d'une largeur de 140 toises; et que j'établis sur chacun de ses bords une barrière en pieux entrelacés de fascines, soutenue extérieurement par une chaussée composée de terres et graviers pris dans le centre du lit, pour y former un canal dans lequel les eaux auront nécessairement leur cours et leur direction.

Ce lit sera suffisant pour les crues les plus ordinaires et ne le sera pas pour les autres; mais il se prêtera au déversement des eaux bourbeuses qui sont nécessaires pour combler les terres et graviers qui seront gagnés par l'encaissement.

Lorsque ces terres seront comblées, lorsqu'elles se seront mises au niveau de ces barrières qui alors seront confondues avec elles et ne feront ensemble qu'un seul corps, c'est-a-dire, lorsque ce déversement me sera devenu inutile, je ferai sur le rivage une seconde barrière placée en arrière et à une distance convenable de la première, afin d'empêcher tout-à-fait le déversement des eaux et de contenir toutes les crues de la rivière.

Alors le lit aura acquis avec une grande profondeur toute la largeur nécessaire pour contenir toutes ses eaux, sans que rien puisse les en faire sortir.

Je donne à ce lit de chaque côté un rivage

3

large de 20 toises dont je me sers pour fortifier
ses bords de toutes les manières, pour y établir
un chemin de hallage, et pour y creuser un
fossé qui recevant les écoulemens de la plaine
et les conduisant au torrent le plus à portée,
les garantira de leur invasion.

Quoique les torrens qui viennent se jeter
dans cette partie de la Durance ne soient
ni bien considérables ni bien dangereux, je
les y conduis à travers les graviers actuels,
de manière qu'ils arrivent dans ce nouveau lit
en angle aigu, afin que leurs eaux se joignent
à celles de la rivière naturellement, suivant
leur cours, sans pouvoir se heurter ni se
contrarier réciproquement, et qu'elles suivent
ensemble la même direction.

Comme il pourrait arriver que le cours du
Rhône pût être un obstacle à la pente naturelle de la Durance et au mélange de leurs
eaux, j'y remédierai par un moyen facile qui
évitera tout reflux et toute répercussion.

On se rappelle aussi qu'il ne suffit pas d'en-
fermer les eaux de la Durance entre deux
barrières, qu'il faut encore en faire sortir
ce qui est nécessaire pour l'agriculture et
pour l'industrie, et qu'il faut l'en faire sortir
sans nuire à la direction des eaux, au lit, ni
aux propriétés riveraines.

Pour les dériver, je propose de construire auprès de chaque montagne que les

eaux côtoyeront et à l'endroit où elles les quitteront, une digue en pierres assez forte et assez longue, qui contiendra les martellières nécessaires pour fournir toutes les eaux dont les contrées inférieures auront besoin.

Ces digues étant construites sur le bord, serviront à diriger les eaux dans leur ligne, tandis que les martellières recevront celles qui couleront naturellement devant elles.

Tel est le projet que je propose.

On voit qu'il est puisé dans la nature même et dans le caractère de la rivière, qu'il est conforme à sa volonté, au lit, et à la rapidité des eaux.

Cependant il paraît qu'il n'a pas été compris dans toute son étendue et qu'on a jeté sur lui ou sur son effet quelques doutes contraires à la nature, et fondés sur des conjectures inapplicables à cette rivière. Il est nécessaire de les faire connaître et de les détruire; en conséquence j'examinerai les questions suivantes :

1.º La Durance est-elle encaissable ?

2.º La largeur de 140 toises est-elle suffisante pour son lit ?

3.º Les barrières en bois que je lui donne seront-elles assez fortes pour contenir toutes ses eaux ?

4.° Est-il à craindre que les déblais qu'elle peut entraîner obstruent son lit et nuisent à la navigation du Rhône?

Non seulement je résoudrai ces questions de manière à ne laisser aucun doute sur la bonté de mon projet ; mais encore je ferai voir que loin de nuire à la navigation du Rhône, l'encaissement de la Durance donnera le moyen de la naviguer , de la remonter jusqu'au détroit, et d'établir par elle une communication avec Marseille , au moyen du canal qu'on se propose d'établir dans cette partie.

Mais avant de raisonner sur ces questions, je prie le lecteur de se rappeler la description que j'ai déjà donnée de cette rivière, des causes de ses variations , de son inconstance et de ses dévastations : je ne les répéterai pas ici, parce qu'il paraît qu'elles ne sont point contestées , et qu'elles ne peuvent l'être. Mais j'y ajouterai quelques observations sur la localité , nécessaires pour éclairer son jugement ; parce que les lois de la physique sont infinies , à la portée de tout le monde, et qu'elles se dévelopent par l'expérience.

A en croire les ingénieurs qui paraissent avoir le mieux étudié cette partie de la Durance et l'avoir le mieux connue ; le sol de son lit au détroit de Mirabeau est au dessus du niveau de la mer d'environ 65o toises ; elle a à parcourir pour arriver au Rhône un espace d'environ 42,000 toises ; d'où il résulte qu'elle a une pente d'environ 15 à 16 pieds par chaque mille toises, ce qui fait un pied et demi pour chaque cent toises.

La largeur ou l'ouverture du détroit est de 95 toises, dans lesquelles les eaux basses donnent une hauteur réduite de quatre pieds d'eau, tandis que dans les plus grandes crues elles ne s'élèvent pas au dessus de 20 à 24 pieds.

La mise aux enchères du pont de Mirabeau nous a appris que cette ouverture n'est réellement que de 174 mètres, faisant à peu de chose près 90 toises.

Dans son cours cette rivière traverse une plaine dans laquelle elle serpente, se divise quelquefois en plusieurs branches, et dont souvent elle occupe ou inonde une grande partie, de manière qu'elle s'est donnée un lit immense, dont on peut évaluer la largeur moyenne de 15 à 1800 mètres, faisant environ 800 toises.

Mais il est à remarquer que la pente n'est pas uniforme dans toute la longueur de son cours, qu'elle est plus grande depuis le détroit jusques à Bon-pas, et qu'à mesure qu'elle s'approche du Rhône, son lit se relève, parce que ses eaux se sont mises de niveau avec celles de ce fleuve.

Les graviers et les cailloux qui sont dans le

lit de la Durance sont moins gros aux approches
du Rhône , et l'on ne trouve dans le lit de ce
fleuve aucun mélange de leurs cailloux, qui
diffèrent entr'eux, puisqu'on les distingue facilement ; doù il résulte que la Durance ne charrie rien dans le Rhône.

Ceci s'explique facilement.

La Durance arrive directement sur les flancs
du Rhône et semble tendre à le traverser ;
mais la force et la supériorité des eaux de celui-
ci lui résistent et font refluer ses eaux sur elles-
mêmes.

L'effet naturel de cette répercussion est de
faire perdre leur force aux eaux de la Durance
et de les obliger à déposer au loin dans leur
lit tout ce qu'elles auraient pu porter dans le
Rhône.

De là vient que ses gros cailloux restent dans
la partie la plus reculée, et que les petits s'ap-
prochent davantage du fleuve, mais sans y arriver.

De là vient encore que les eaux de l'un et de
l'autre se sont mises de niveau pour s'unir et se
confondre par la combinaison de la rapidité
de l'une et de la force de l'autre.

Mais aussi de là vient que cette partie du lit
de la Durance se comble et s'exhausse et que
ses eaux trop heureuses d'être reçues dans ce
fleuve n'y arrivent que pour se marier avec les
siennes.

Elles n'y arriveraient peut-être plus sans leur extrême rapidité ; mais il est à craindre que si le comblement de son lit augmente comme le cours naturel des choses doit le faire, il ne vienne un jour où elles ne pourront plus y arriver par cette route: alors elles seront forcées d'en prendre une autre et de changer de lit.

Tel est l'état dans lequel se trouve cette rivière, celui d'après lequel il faut raisonner pour apprécier la possibilité, la nécessité même de son encaissement, et les moyens de le rendre durable ; et pour résoudre tous les doutes qu'on peut élever.

Cet état repose sur des faits qui tombent sous les sens, qui sont connus de tout le monde, et sur lesquels il est impossible d'errer ; parce qu'il est donné à chacun de les vérifier ; sur des faits devant lesquels toutes les objections échouent nécessairement.

Cela posé, j'arrive aux questions.

PREMIÈRE QUESTION.

La Durance est-elle encaissable ?

Jamais cette proposition n'avait été mise en doute. Ce n'est qu'au moment où son encaissement ne peut plus rencontrer d'obstacle étranger, qu'elle est agitée. Le serait-elle par le même intérêt personnel qui s'y opposait autrefois, et qui ne le pouvant plus aujourd'hui se servirait de ce prétexte, ou bien le serait-elle par un autre intérêt d'une autre nature, plus conforme au génie du siècle et bien plus funeste ?

Quoi qu'il puisse en être, il sera facile de la résoudre, et de prouver que le doute contraire serait fatal au bien public.

Ceux qui mettent quelque doute à la possibilité de l'encaissement de la Durance, ne voient ou ne veulent voir que son impétuosité et ses ravages, dont ils sont épouvantés.

Ils ont cru qu'elle charriait, des montagnes de Provence, des masses énormes de cailloux, dont le choc viendrait perpétuellement détruire tout ce qui s'opposerait à la violence de ses eaux.

Ils ne voient en elle qu'un torrent dévastateur, à qui rien ne résiste : et parce qu'il a vaincu tous les obstacles qu'on a opposé à ses fureurs, ils le croyent invincible.

Il l'est en effet; mais ce n'est que quand on veut lui résister, et se mettre en opposition avec le cours de ses eaux ou leur fermer le passage. Il en est autrement quand on la caresse, quand on obéit à sa volonté, à son inclination naturelle, et quand on s'y conforme. Alors, quelle que soit son impétuosité, elle est facile, docile et soumise autant qu'on peut le désirer d'elle. Telle est la loi générale de la nature, à laquelle les êtres inanimés sont bien plus asservis que les autres, parce que leur volonté, ou pour mieux dire leur caractère, est certain et invariable. Il serait donc contre nature de vouloir admettre que cette rivière pût échapper à cette loi.

A la vérité toute la difficulté consiste à connaître son véritable caractère, ou, pour mieux dire, cette volonté, et à s'y conformer. Mais il n'est pas possible de dire qu'elle ne soit pas encaissable, c'est-à-dire, qu'on ne puisse pas obéir à ce qu'elle veut, lui faire faire ce qu'elle voudrait faire elle-même, ce qu'elle ferait toute seule si elle n'en était empêchée. De ce qu'on ne connaîtrait pas le moyen à prendre pour cela, il ne s'ensuivrait pas qu'il n'en existe point.

Dira-t-on qu'il est impossible de bien connaître sa volonté, attendu qu'elle varie sans cesse, en raison de son inconstance, de ses vicissitudes et de ses différentes crues ? Mais toutes ces variations dérivent d'un seul et même principe ; si elles n'ont lieu qu'à cause des circonstances qui se rencontrent dans son application et qui varient, il n'en est pas moins vrai qu'elles ont pour base une même volonté.

N'existe-t-il pas, ne peut-il pas exister dans la nature un moyen qui puisse s'accorder avec cette volonté, et s'appliquer à toutes ces va-

4

riations, un moyen qui les embrasse toutes, qui se prête à toutes, et qui par conséquent les ramène à une seule, et les dirige toutes ensemble en les caressant ? S'il existe et si on ne peut pas nier qu'il puisse exister, comment pourrait-on prétendre qu'elle n'est pas encaissable ?

Il ne faut pas argumenter de ce que depuis vingt siècles on désire son encaissement, de ce qu'on cherche les moyens de le faire et de ce qu'on ne l'a pas fait ; parce que ce serait proscrire toute espèce de découverte et d'amélioration, et condamner la postérité à rien entreprendre, et parce que cet argument tend bien plus à prouver sa possibilité qu'à la rendre douteuse.

De ce qu'on cherche le moyen de l'encaisser, il ne s'ensuit pas qu'il n'existe point, mais qu'on n'a pas renoncé à le trouver; car on ne cherche pas ce qui aurait été reconnu impossible. Mais bien loin d'y avoir renoncé on l'a trouvé ou on croit l'avoir trouvé depuis long-temps.

Déjà plusieurs fois, même de nos jours, des projets d'encaissement ont été faits et présentés au Gouvernement; des propositions lui ont été faites. Si ces projets n'ont pas été exécutés, si ces propositions n'ont pas été accueillies, ce n'est pas à cause de l'impossibilité de l'encaissement, mais c'est par des

raisons qui lui sont étrangères , c'est à cause
de prétentions particulières et de circonstances
qui par leur nature même ajoutent à la preuve
de sa possibilité , laquelle ne peut pas être con-
testée par des raisons qui n'existent plus.

En fait, est-elle encaissable ?

Il n'y a rien qui puisse s'y opposer , surtout
si on a trouvé le moyen d'exécuter toutes
ses volontés en les réunissant en une seule :
on n'indique rien qui s'y oppose ou qui puisse
s'y opposer ; au contraire , il paraît qu'on
croyait l'avoir trouvé lors de ces divers projets.
Il s'agit donc ici de savoir si celui que je
propose peut remplir parfaitement cet objet.

Pour se convaincre qu'il le remplit, il suffit
de connaître cette rivière et son caractère , et
de lui en faire l'application ; et c'est ce qui
résultera nécessairement de l'examen de toutes
les questions que j'ai à traiter et de leur
ensemble.

Pour le moment , je me bornerai à faire la
distinction des deux parties de cette rivière.

Il ne faut pas confondre la partie supérieure au détroit de Mirabeau, avec la partie
inférieure , parce qu'elles ont un caractère
tout-à-fait différent.

La première est plus rapprochée des montagnes d'où elle descend ; elle reçoit plusieurs
torrens qui se jètent tout-à-coup sur elle, et
cela fait qu'elle a une très-grande pente et
une rapidité excessive.

L'autre au contraire, coule dans une longue plaine, elle ne reçoit dans son sein que quatre torrens, qui descendant des montagnes parcourent un assez long espace avant de se joindre à elle ; elle a beaucoup moins de pente et de rapidité, et elle marche dans une ligne plus directe.

Si elle varie dans son cours, c'est à cause des ouvrages des hommes, ainsi que je l'ai démontré, et si on voit des inégalités dans son lit, c'est un effet momentané des déplacemens qu'elle fait des graviers qu'elle y trouve, et non du sol qui tend toujours à prendre son niveau.

Il y a donc dans la première, des obstacles qui ne sont pas dans la seconde.

Cette différence est cause que les mêmes moyens qui peuvent opérer l'encaissement de la partie inférieure, seraient insuffisans pour encaisser l'autre, parce que la volonté de celle-ci présente des caractères différens et d'une autre nature; mais cette différence même établit la possibilité de l'encaissement que je propose, puisqu'on ne trouve dans cette partie aucun des obstacles qui sont dans la première.

On a cru qu'il était impossible à cause de l'impétuosité et des ravages que fait la rivière, dont on est épouvanté; on a cru que sa rapidité et son inconstance l'empêcheraient ou le

rendraient inutile ; mais c'est tout le contraire :
l'une ne peut servir qu'à le favoriser et l'autre
n'existera plus.

Je dis que son inconstance n'existera plus ,
parce que le nouveau lit une fois fait tel
que je le propose, les eaux ne pourront plus
errer ; elles couleront nécessairement dans la
même ligne, quel que soit leur volume, quelle
que soit la variation de leurs crues.

On a dû remarquer que les eaux enfermées
dans leur lit, en occuperont toute la largeur
dans le temps où elles seront le plus basses ;
dès-lors, elles n'auront ni la liberté ni le
moyen de varier, de changer de place, ou
de direction.

Il leur sera donc impossible de conserver
rien de leur inconstance, puisque d'une part,
elles n'auront plus aucune puissance, aucune
action sur le lit immense dans lequel elles
se promènent aujourd'hui, et qui leur sera
devenu étranger ; et de l'autre elles n'auront
aucun espace à parcourir, autre que le nouveau lit qu'elles occuperont tout entier.

Je dis que sa rapidité favorisera son encaissement, parce que les eaux suivront par leur
propre nature la direction que je leur assigne ; elles la suivront d'autant plus volontiers,
que je leur aurai tracé un canal qui les
attirera, qui les concentrera, dans lequel
elles ne pourront jamais varier, et duquel

elles ne pourront jamais sortir, attendu qu'elles n'y rencontreront aucun obstacle, ni rien qui leur en donne la facilité et le moyen; et avec d'autant plus d'ardeur, qu'elles auront plus de force et de rapidité , qu'elles marcheront plus librement dans la ligne qu'elles chérissent le plus, et que rien ne pourra les en détourner.

Comme il est de leur nature de ne porter leur force que en avant devant elles, et d'être sans vigueur et sans puissance sur leurs bords, et comme leur surabondance ne pourra jamais faire d'autre effet, que de s'élever au dessus des bords et de s'extravaser ; il s'ensuivra nécessairement que l'encaissement deviendra plus solide par la rapidité de leur cours.

Il ne pourra pas être contrarié par les déblais, parce qu'elle n'en charrie point du tout, ainsi que je le démontrerai en traitant la 4.me question.

Ceux qui ont cru que la Durance charriait des montagnes de Provence des masses énormes de cailloux, et que leur choc viendrait tout obstruer, tout briser, tout détruire, se sont livrés à une erreur bien grande, qui n'est que l'effet de la prévention résultante du caractère dévastateur de cette rivière, mais qui disparaît à la seule inspection des lieux, et en considérant la nature même des choses, comme je le ferai voir.

Tout cela peut bien faire naître des craintes chimériques sur la durée de l'encaissement ; mais ne peut former aucun doute sur sa possibilité ; et lors même qu'elles pourraient avoir quelque fondement, il ne serait pas pour cela impossible de les prévenir et de les détruire, ou d'y remédier.

Je n'imagine pas qu'on puisse croire que les torrens qui viennent arriver dans cette partie de la rivière, puissent être un obstacle à son encaissement, parce qu'il n'est rien de si aisé que de les y conduire de manière qu'ils ne puissent pas nuire au lit ni au cours des eaux.

Ils ne le peuvent pas aujourd'hui, où ils s'y jettent dans toute leur liberté, et où les eaux de cette rivière occupent une grande surface ; ils ne le peuvent pas, parce qu'ils ont un long espace à parcourir, ce qui diminue leur force, et parce qu'ils ne sont pas assez considérables pour dominer les eaux de la rivière, et pour influer sur elles. Comment donc le pourraient-ils, lorsque celles-ci seront réunies, concentrées sur un seul point, et lorsqu'elles pourront opposer à ces torrens toute leur masse et toute leur force ?

Comment le pourraient-ils, quand par mon projet je propose de les diriger eux-mêmes, et de les faire arriver en angle aigu, de manière que leurs eaux n'entrent dans la rivière qu'en suivant sa direction, en s'unissant, et se confondant dans un même cours avec les siennes ?

Les dérivations des eaux nécessaires pour l'agriculture, et pour l'industrie, seront bien moins encore capables de nuire à l'encaissement ou de l'empêcher, puisqu'elles seront établies d'une manière qui lui sera absolument étrangère, et dont l'unique effet pourra être de le protéger, et d'assurer la direction des eaux dans leur ligne naturelle.

Enfin craindra-t-on que le sol se refuse à la plantation de ces barrières ? Cela ne peut pas être ; on sait que dans la plaine, et dans toute la longueur du lit le terrain est profond. S'il était quelques endroits où le sol fût de roche, et où les pieux ne pussent pas pénétrer, ce ne serait que près des montagnes, et on pourrait aisément y suppléer par des digues en pierres, qu'elles fourniraient.

Je ne vois donc rien, absolument rien, qui puisse faire révoquer en doute la possibilité de l'encaissement, pas même le contrarier ou lui nuire en aucune manière ; parce que les moyens que j'emplois, sont conformes à la localité, et parce qu'ils naissent de la nature même et du caractère de la rivière, à la volonté de laquelle je ne fais qu'obeir en la dirigeant dans son cours naturel, et en donnant à son étendue, des bornes qui ne peuvent ni lui déplaire, ni la contrarier.

Ce doute ne peut donc être qu'une chimère, produite par une prévention qui n'a ni base ni fondement, et qui se dissipe au premier regard. On en sera bien mieux convaincu par les démonstrations suivantes.

Mais sera-t-il possible et sera-t-il à craindre qu'une fois cet encaissement fait et perfectionné, la rivière se donne à elle-même le moyen de l'obstruer, de le détruire et de le rendre vain et inutile ? C'est ce que nous examinerons bientôt ; mais auparavant formons son encaissement, et commençons par raisonner sur la largeur qu'il faut donner à son lit, c'est notre seconde question.

SECONDE QUESTION.

140 Toises seront-elles suffisantes à la largeur de son lit ?

MM. les ingénieurs du département de Vaucluse viennent, m'a-t-on dit, de régler la largeur du lit de la Durance à 400 mètres, fesant 205 toises. Cette largeur doit nécessairement dépendre de deux bases ; d'abord de la ligne de direction qui doit donner le point de départ de cette largeur, point sans lequel cette mesure ne serait qu'idéale, sans règle ni mesure ; ensuite de la hauteur des bords, laquelle doit être fixée d'après la masse

5

des eaux que le lit doit recevoir et contenir.

Une largeur quelconque qui n'aurait ni bornes ni encaissement, serait vaine et illusoire, parce qu'alors la règle serait sans cesse en opposition avec le fait. Je veux dire que cette fixation idéale de la largeur du lit n'empêcherait pas les eaux de s'étendre sur une plus grande surface, ni de prendre leur cours hors de la ligne donnée par cette largeur.

Il est donc nécessaire pour la déterminer d'une manière utile, non seulement d'en fixer la place, mais encore de lui donner des bornes.

Pour régler utilement celle qu'il faut donner à la Durance et la mesure de ses bords, il faut nécessairement connaître le volume d'eau qu'elle peut porter dans ses plus grandes crues.

Sans cela tout ce qu'on pourrait prescrire sur cette rivière serait sans base, et par conséquent vain et inutile, peut-être même très-dangereux.

J'ignore quelles sont celles qui ont été adoptées par MM. les ingénieurs du departement de Vaucluse; mais voici les miennes :

Je dois d'abord prévenir le lecteur que je n'ai fait moi-même aucune des mensurations ni des opérations que ces bases exigeraient, et que j'ai été obligé de m'en rapporter aux documens que je trouve dans les ouvrages de MM. les ingénieurs qui ont eu la mission d'explorer cette rivière; que par conséquent si j'ai commis quelque erreur en fait, elle ne saurait être mon ouvrage.

Mais s'il y en avait quelqu'une, cela n'influerait en rien sur mon projet, parce qu'il est de telle nature qu'il peut facilement se prêter aux variations que ces erreurs, qui ne peuvent pas être bien grandes, pourraient exiger.

A en croire ces ingénieurs, dont j'ai le travail sous les yeux, l'ouverture du détroit de Mirabeau a une largeur de 95 toises.

Elle est aujourd'hui reconnue être de 174 mètres, fesant 89 toises un pied sept pouces et huit lignes, que je porte à 90 toises. Elle est certainement telle, puisque c'est celle qui a été indiquée pour la construction du pont de Mirabeau.

Les basses eaux occupent dans toute la surface du détroit une hauteur réduite de 4 pieds, ce qui donne un volume de 2160 pieds d'eau.

Dans leurs différentes crues elles ne se sont jamais élevées au dessus de 20 à 24 pieds. Dès-lors la plus grande masse d'eau qui jamais ait passé dans ce détroit, forme un volume d'environ 12,000 pieds.

D'un autre côté, le pont de Bon-pas, situé dans la partie inférieure de la Durance, dans un lieu où elle a reçu toutes les eaux qu'elle porte au Rhône, a une ouverture de 276 toises, fesant 1656 pieds.

Il m'a été assuré que dans leurs plus grandes crues elles ne se sont jamais élevées au dessus de 7 à 8 pieds, ce qui donne un volume d'environ 12,600 pieds.

Le rapprochement de ces deux mesures semble les justifier l'une et l'autre et déterminer le volume que la rivière porte dans les cas les plus extraordinaires.

En partant de ces bases, que je suis bien éloigné d'affaiblir, qu'au contraire je porte au plus haut période, parce que j'ai lieu de croire que jamais les eaux ne vont à cette élevation qu'au moyen du bouillonnement que produit le concours de leur impétuosité et du reflux qu'elles éprouvent, je fais mon encaissement de cette manière :

Je donne au lit une première largeur de 140 toises, fesant, pieds . . . . 840.

Je donne à mes barrières une hauteur de six pieds seulement, soit pour les rendre plus solides, soit pour faciliter le déversement des eaux surabondantes et le comblement des terres latérales.

Multipliant ensuite l'un par l'autre, je trouve que cette largeur contiendra, pieds 5040 auxquels il faut joindre 288 pieds que contiendra le canal que je creuserai dans son centre et qui aura six toises de largeur par huit pieds de profondeur. . 288.

Ce lit portera donc, pieds. . . . . . 5328.

Il suffira sans doute pour les crues ordinaires et moyennes, mais il sera insuffisant pour les autres.

On remarquera que dans le temps des basses eaux, lorsqu'elles formeront un volume de 2160 pieds, elles occuperont toute la largeur du lit; qu'elles auront leur masse et leur force dans le canal pratiqué au centre; et qu'elles ne pourront pas varier.

On considérera que je ne dois donner aux barrières que six pieds de hauteur, quoique je pusse sans danger leur en donner jusqu'à 8, d'abord pour les rendre plus fortes et plus solides, ensuite parce que j'ai besoin du déversement des eaux bourbeuses pour combler les graviers et les terres latérales, dont l'exhaussement les mettra au niveau de ces barrières, qui alors unies aux terres et enfoncées dans leur sein ne feront plus avec elles, qu'un seul corps, lequel sera inexpugnable.

On conçoit combien il importe de faciliter et d'accélérer cette opération.

Quand elle sera faite et consommée, quand je n'aurai plus besoin du déversement de ces eaux, je ferai une seconde barrière dont l'unique objet sera d'empêcher leur extravasation.

Je l'établirai en arrière de la première, à une distance convenable pour contenir toutes les eaux, et je la ferai comme celle-ci.

En la plaçant à trois toises de distance du bord du lit, je donnerai à sa largeur 146 toises, fesant 876 pieds.

En lui donnant 8 pieds de hauteur, s'il est nécessaire, j'ajouterai à sa capacité, et je lui donnerai moyen de contenir encore un volume de (pieds d'eau) 7008
lesquels joints aux 5328
que portera la première largeur, formeront un volume total de, pieds . 12,336.

Quantité qui excède le volume qui passera au détroit de Mirabeau, et à laquelle je puis sans peine comme sans danger ajouter quelque facilité en augmentant un peu sa largeur depuis le pont de Bon-pas jusqu'au Rhône, puisque le coulon ou calavon, le plus grand des torrens qui se jètent dans la Durance, y arrivera à l'endroit même de ce pont.

Ainsi la largeur que je donne à ce lit sera suffisante et même supérieure au volume d'eau qu'elle a jamais porté.

Elle sera suffisante, parce qu'au moyen de cette double opération, je lui donne dans le sein même de la terre un lit qui résistera nécessairement à toute sa force ; et au dehors un lit qui ne servira que pour les crues extraordinaires, et qui servira d'autant mieux, que le cours des eaux augmentera de vîtesse en raison de leur réunion et de leur direction, c'est-à-dire de l'abréviation de leur route.

Elle sera supérieure, puisque les mesures que je prends pour base excèdent les crues les plus extraordinaires qui, d'ailleurs, sont très-rares.

Non seulement elle sera suffisante et supérieure aux besoins de la rivière, mais encore elle aura l'avantage inapréciable de réunir les eaux sur un seul point, et de leur donner une direction et un lit tel que les eaux ne pourront plus varier dans leur cours, attendu qu'elles couleront toujours au sein de la terre, entre deux rives formées et fortifiées par elle; et qu'elles occuperont toute sa largeur, dans laquelle elles n'auront plus la liberté d'errer.

Ce ne sera que dans les grandes crues qu'elles pourront s'élever au dessus de la première barrière, et s'étendre jusqu'à la seconde; mais alors même leur masse, leur pesanteur et leur force seront toujours dans ce point central, et leur surabondance qui sera contenue par la seconde, ne portera sur elle que ses bords, c'est-à-dire une eau morte et sans vigueur.

Si malgré toutes les notions que nous avons de la nature, il arrivait qu'elles pussent causer quelque dommage, ce ne pourrait jamais être qu'en attaquant la première barrière qui sera enfoncée dans la terre; ce dommage ne pourrait jamais être ni considérable ni dang

gereux, il serait partiel, et il serait facile d'y
remédier promptement.

Dira - t - on qu'elles pourront nuire à la
seconde barrière ? Mais cela n'est pas possible ; parce que toute la masse, la pesanteur
et l'impétuosité des eaux seront toujours dans
le point central du lit ; parce qu'il est de
leur nature de porter toute leur force devant elles, et parce qu'il n'y aura que les
côtés sans force et sans vigueur de leur surabondance, qui couleront contr'elle, et
qu'ils n'auront jamais le pouvoir ni la force
de l'attaquer ni de la détruire.

Ainsi, dans tous les cas, la largeur que je
donne au lit de la Durance sera suffisante et
solide, parce que je lui donne l'espace nécessaire pour contenir toutes les eaux qu'elle peut
avoir, quelles que soient leurs crues ; et parce
que je les renferme dans des barrières qu'elles
côtoyeront, mais qu'elles ne pourront jamais
attaquer directement.

Si d'un côté j'ai besoin de leur donner assez
de largeur pour qu'elles ne puissent pas sortir des bornes que je leur prescris ; de l'autre
j'ai été obligé de les resserrer autant qu'il
était possible, afin de leur ôter le moyen
d'errer dans leur propre lit, chose qui était
le plus à craindre d'un torrent de cette nature, et qui eût été la plus dangereuse pour la
solidité de son encaissement.

Or, il était impossible de leur en ôter le moyen sans établir le lit de manière qu'il serve à toutes les variations de ses crues, que les eaux n'aient jamais à courir que dans le même lieu, et que dans ces variations elles ne puissent faire d'autre effet que de s'élever en hauteur, de s'exhausser sur elles-mêmes, sans jamais pouvoir se porter hors de la ligne que je leur ai prescrite.

Ceux qui connaissent bien le caractère et l'habitude de cette rivière, le mécanisme de son mouvement et de ses opérations, sentiront qu'il ne pouvait pas y avoir de meilleur moyen de l'enchaîner, et que cette manière de la captiver s'accorde parfaitement avec son caractère, avec la localité, et avec sa nature, qu'il remplit parfaitement la volonté de ses eaux dans chacune de leurs crues, qu'il les réunit toutes en une seule, et les dirige toutes ensemble dans leur direction naturelle, qui est une et toujours la même dans tous les cas. Avantage qu'aucun autre mode d'encaissement ne peut avoir.

S'il était possible d'établir son lit dans le sein de la terre et de lui donner une profondeur assez grande pour contenir ses plus fortes crues, sans que les eaux pussent subverser et sans que leur cours ni leur débouché fussent altérés; on conviendra sans peine qu'une largeur infiniment moindre lui

6

suffirait , dès qu'il porterait en profondeur le
même volume que le lit actuel porte en largeur ; il le porterait sans obstacle et sans
danger , d'autant mieux que les eaux auraient leur pesanteur sur le fond, leur force
en avant devant elles et qu'elles glisseraient
contre leurs bords. Et pourquoi donc celui que
je propose et qui fait le même effet, ne suffi-
rait-il pas ? Pourquoi ne serait-il pas aussi solide?

On ne craint que les variations des eaux
dans leur lit ; c'est cette crainte même qui
commande la nécessité de réduire sa largeur
le plus qu'il est possible, et qui justifie parfaitement celle que je lui donne. Elle la justifie d'autant mieux que je prouve mathéma-
tiquement , que les eaux les plus basses occuperont toute cette largeur, qu'elles ne pourront plus varier, et par une conséquence nécessaire qu'il ne pourra jamais en résulter aucun
des inconvéniens qu'on paraît appréhender.

Mais, dira-t-on, n'est-il pas à craindre que
le resserrement du lit ne donne aux eaux le
moyen et la force d'attaquer et détruire ces
barrières en bois qui forment ses bords ?
Comment des barrières de cette nature pourraient-elles résister à l'impétuosité d'un torrent, qui jusqu'ici s'est joué de tous les obstacles ?

C'est l'objet de la 3.e question que nous
avons à examiner.

TROISIÈME QUESTION.

*Les barrières en bois seront-elles assez
fortes pour contenir les eaux ?*

J'ai dit qu'elles seront faites en pieux d'une
grosseur convenable, enfoncés en terre jusqu'au refus du mouton ; qu'ils n'auront au
dehors qu'une hauteur de six pieds ; et qu'ils
seront entrelacés de fascines, et fortifiés par
une chaussée en terre et graviers de trois
toises d'épaisseur, soutenue par une autre
barrière extérieure, et garnie de gazon et
d'arbrisseaux qui couperont les eaux, et dont
les racines lieront toutes les parties.

J'ai ajouté que ces graviers seront pris dans
le milieu du lit, pour y former un canal en
ligne droite.

Ceux qui connaissent bien la solidité d'une
barrière de cette nature, quand elle est faite
avec le soin qu'elle exige, savent qu'elle est
bien plus forte qu'une digue en pierre ; parce
que celle-ci ne peut se composer que de parties
qui peuvent être ébranlées, séparées l'une
de l'autre et emportées en détail ; tandis que
celle-là ne forme qu'un seul corps lié dans
toutes ses parties ; qu'elle prend son appui et
sa force dans la profondeur de la terre, de
manière, que lors même qu'une force quelconque viendrait à bout d'en ébranler une

partie, elle n'aurait rien fait pour la détruire, elle n'aurait fait que l'endommager ; et ce dommage serait facilement et promptement réparé.

Il est donc bien plus difficile que les eaux puissent l'entamer et la détruire, qu'une digue en pierre dont la moindre brèche entraîne promptement l'entière destruction.

Ceux qui connaissent bien le caractère de cette rivière, c'est-à-dire, celui d'un torrent, savent aussi qu'elle ne porte son impétuosité et sa force que devant elle, qu'elle n'agit que contre ce qui s'oppose directement à son passage ; et qu'elle ne creuse jamais son lit sur lequel elle ne fait que glisser rapidement, comme si elle n'avait à faire que d'arriver au terme de sa course, à moins qu'une cause etrangère et particulière l'y oblige ; il est d'ailleurs reconnu que les eaux ont moins de vitesse sur leur bords, que dans le centre où est leur direction et leur force.

Lorsque la Durance cause des ravages, lorsqu'elle emporte les digues qu'elle rencontre, c'est parce que forcée de marcher en serpentant dans son lit et poussée par une cause ou par une autre hors de sa ligne droite, elle se jète sur ces ouvrages, qui alors s'opposent à son passage, qui la repoussent, ou bien qu'elle finit par entamer et emporter en détail ; parce qu'une fois la brèche faite, ils cèdent à son action.

Si donc elle emporte les terres riveraines
ce n'est que parce qu'elle est poussée sur
elles de cette manière, et parce qu'elle les
attaque directement; mais elle ne les emporte, et ceci est très-remarquable, que
lorsqu'elle commence à décliner.

Ce n'est pas lorsqu'elle augmente, ce n'est
pas dans le moment où elle s'élève qu'elle
fait le plus de mal; c'est au moment où elle
semble avoir acquis toute son élevation et
diminuer.

Alors elle ronge, elle détache les parties
les unes des autres, elle les prend par dessous,
et les emmene en détail successivement et de
proche en proche; de manière que, par le
moyen de cette sape, elle entraîne dans son
sein ce qui s'élève au dessus de ses eaux,
l'emporte, et met à nud le gravier que les
terres couvrent presque partout.

Elle n'emporte rien en corps ni en masse,
mais par débris et en détail, en attaquant
chaque chose par ses fondemens, en la ron-
geant, et en entraînant dans son sein ce que
ses eaux ne peuvent atteindre.

Mais cela n'a lieu que parce que les eaux
se portent ou sont poussées directement sur
la partie qu'elles attaquent; et parce que
celle-ci oppose à leur cours une résistance
qui les repousse, et qu'elles s'efforcent de
vaincre; chose qui ne pourra jamais se rencontrer ici.

Elles en viennent à bout, parce que leur force principale n'est ni dans les eaux inférieures ni dans les eaux supérieures, mais dans cette partie centrale qui est comprimée par la pression; et parce que son action agit devant elle et plus directement sur chaque partie de l'ouvrage qui s'oppose à elle, ébranle la plus faible, la détache et l'entraîne. Aussi remarque-t-on que ce n'est jamais par le haut, mais toujours par le bâs, par le centre, ou par son extrêmité, qu'un ouvrage quelconque est entamé.

Si elles creusent le lit qu'elles parcourent, ce n'est que quand elles y trouvent quelque obstacle qui leur résiste et qui les fait saillir; parce qu'alors elles portent leur action sur ce point, remuent le gravier, et l'emportent dans un autre endroit.

Il faudrait ne pas connaître du tout l'effet de cette rivière, ni sa manière d'opérer, pour contester aucun de ces principes.

Si donc il est vrai, comme je l'ai établi, que les eaux suivent toujours la ligne droite, tant qu'elles n'en sont pas détournées par une cause étrangère; s'il est vrai qu'elles la suivent d'autant mieux qu'elles ont plus de force et de rapidité; il l'est nécessairement aussi qu'elles ne peuvent attaquer et détruire que que ce qu'elles rencontrent devant elles, que ce qui résiste à leur passage, ainsi que l'expérience journalière le prouve.

Dés-lors il est évident qu'elles ne pourront pas attaquer ces barrières qui ne s'opposeront jamais à leur cours, et qui ne pourront jamais s'y opposer.

Les eaux étant par leur propre nature et par la pente obligées à courir en ligne droite dans le canal que je pratique au milieu du lit, il est impossible qu'elles portent leur direction ailleurs ; et que les barrières qui sont sur leurs bords puissent se trouver en opposition avec elles.

Si les eaux ne peuvent ni sortir de cette ligne, ni serpenter dans leur lit, il est absolument impossible qu'elles se dirigent sur leurs barrières, qu'elles ne pourraient attaquer que latéralement, ce qui serait contre leur nature.

Lors même qu'elles pourraient les attaquer, ce ne serait que par leur bord ; alors ces barrières seraient assez fortes pour leur résister ; parce que les bords de l'eau sont toujours sans force et sans vigueur.

Il est sensible qu'elles ne pourront faire ni l'un ni l'autre ; d'abord, parce qu'elles auront naturellement et nécessairement leur direction et leur cours dans le canal tracé au milieu du lit ; ensuite parce que leur masse étant réunie, elle portera toute sa force devant elle sur ce point central où seront sa tendance et son poids ; de manière qu'elles ne pourront agir que sur cette ligne, et jamais sur leurs flancs.

Dira-t-on que, dans les grandes crues, elles occuperont toute la largeur du lit, qu'elles porteront leur force partout, qu'elles creuseront, qu'elles saperont les fondemens de ces barrières, qu'elles finiront par renverser et emporter ces pieux, et que la brèche une fois faite sout sera perdu ?

D'abord, quoique les eaux remplissent tout le lit de la rivière, elles ne porteront jamais leur force sur ces barrières, parce qu'il est connu qu'elles ne la portent qu'en avant devant elles, et jamais sur leurs flancs ; parce qu'elles auront toujours leur plus grand volume, leur masse et leur poids au centre du lit, où sera toujours leur tendance, et par conséquent leur action.

Ensuite, parce qu'il est contre leur nature qu'elles creusent leur propre lit quand elles courent en ligne droite et quand elles ne trouvent dans leur cours rien qui les contrarie, les irrite et les y oblige.

J'ai vu plusieurs fois les eaux bourbeuses d'un orage arrivant subitement dans un torrent dont le lit était généralement à sec, et dans lequel il n'y avait que quelques ramas d'eau dormante, mais claire et limpide.

Ces eaux bourbeuses arrivaient avec un bruit épouvantable, avec un sifflement sourd et effrayant qui les annonçaient long-temps à l'avance; elles arrivaient en masse, concentrées dans le lit, avec une impétuosité inconcevable.

Leur force était telle qu'elles chassaient en avant à une grande distance devant elles l'eau claire et limpide qui se trouvait dormante dans le lit; de manière que celle-ci fuyait au loin devant elles avec la même rapidité, et qu'il y avait entre deux un vide plus ou moins grand suivant la force, le volume et l'impétuosité des eaux bourbeuses.

Cette expérience qui ne se répète que trop souvent sous les yeux de la ville de Pertuis dans le torrent qui coule sous ses murs, prouve assez que, dans leur impétuosité même la plus extraordinaire, les torrens ne portent leur force que devant eux; elle prouve qu'ils ne font que glisser sur le lit que leurs eaux parcourent; qu'ils ne le creusent pas, et qu'ils n'attaquent pas leurs rives.

Il est donc vrai de dire conformément à cette expérience, que les eaux de la Durance ne peuvent jamais, quelle que soit leur force et leur impétuosité, creuser leur lit, ni attaquer leurs bords, si elles n'y sont poussées par une cause étrangère.

Si donc elles ne peuvent pas creuser leur lit, et s'il est de leur nature de couler sur lui sans l'attaquer; il l'est aussi qu'elles ne pour-

7.

ront ni saper les fondemens de ces barrières,
ni les renverser ou les emporter.

Ce serait une erreur de croire qu'elles
puissent creuser le lit dans lequel elles roulent,
quand rien ne les y provoque, quand elles
l'occupent dans toute sa largeur, parce
qu'elles ne font que suivre leur ligne et leur
direction. Tout ce qu'elles peuvent faire c'est
d'unir le sol du lit, d'entraîner ce qu'elles y
trouvent de mobile, et de rendre sa pente
égale et uniforme, ainsi qu'on le voit dans tous
les torrens. S'il en était autrement, il n'en
est aucun dont le lit ne se creusât perpétuellement; et c'est ce qui n'est pas et ne
peut pas être. La raison en est que leur force
naturelle n'est point dans leurs eaux inférieures ainsi que je l'ai dit.

Qu'on ne dise pas qu'elles pourraient le
combler en y déposant les déblais des montagnes, parce qu'il est impossible qu'elles aient
moins de force et d'impétuosité quand elles
sont resserrées dans un lit étroit et borné,
et qu'elles y laissent ce qu'elles emportaient
quand elles n'y étaient pas !

Quand j'ai dit qu'elles creuseraient leur lit
et le rendraient plus profond, j'ai voulu dire
qu'en prenant leur cours dans leur nouveau
lit, elles balayeraient tout ce qui serait re-
mué et mobile, et qu'elles le netoyeraient de
manière que le centre du canal acquerrait toute

la profondeur qu'il doit avoir, qu'il s'y for-
merait un glacis qui s'éleverait jusqu'aux bords
et que le lit se donnerait une profondeur et
une pente uniforme.

Ainsi les eaux remplissant toute la largeur
de leur lit, couleront naturellement le long
de ces barrières sans les attaquer et sans saper leur fondement, quelle que soit leur force
et leur impétuosité ; elles ne feront que glisser
contr'elles ; parce que, comme je l'ai dit, leur
force sera dans le centre et dans la ligne droite ;
parce qu'elles ne la porteront que devant
elles, et parce que celles de leurs bords seront
mortes et sans vigueur comme celles du torrent
que j'ai cité.

Mais admettons que cela pût être par un
événement qui peut paraître impossible ; les
eaux ne pourraient pas encore entamer ces
barrières dont j'ai fait connaître la force et
la résistance.

Elles ne le pourraient pas, parce qu'il est
impossible qu'elles développent contr'elles
toute leur force ; attendu qu'elles n'auraient
à parcourir qu'un espace très-court pour
arriver directement sur elles, à cause du
resserrement du lit.

Elles ne pourraient avoir véritablement de
force destructive, qu'autant qu'elles viendraient de loin, qu'elles auraient un certain
espace à parcourir en ligne droite. Plus cet

espace sera court et borné , moins elles auront de force et d'action.

Si elles ne pourraient se porter sur ces barrières que par l'effet des zig-zag qu'elles feraient dans leur cours. Or leur lit sera très-étroit, ces zig-zag seraient très-courts et bornés. Dès-lors le mal qu'elles pourraient faire serait nul, attendu qu'une force repoussée de trop près perd toute sa puissance ; elles ne pourraient pas leur faire du mal , parce que ces barrières leur opposeront une grande masse, formant un corps lié de toutes les manières , et qui aura toute la solidité possible ; un corps qui aura son appui dans la profondeur de la terre par une multitude de points , et qui par conséquent fera une résistance toujours supérieure , au moins égale à la force que pourraient avoir des eaux qui n'arriveraient que d'une petite distance.

Il leur sera impossible d'en détacher quelque partie, puisqu'elles seront entrelacées , liées entr'elles et fortifiées de toutes les manières ; et par conséquent de les emporter en détail comme elles pourraient le faire d'une digue, dont il est aisé d'arracher une pierre ou à laquelle il est possible de faire une brêche qui entraîne tout le reste.

Il leur sera, dis-je, impossible d'en rien détacher , parce que chaque pieu prendra sa force dans la profondeur de la terre qui ajoutera la sienne à celle de la barrière.

Puisque des pieux plantés pour soutenir un pont et destinés à recevoir continuellement l'attaque directe de l'impétuosité des eaux , ont la force de leur résister, pourquoi ne l'auraient-ils pas quand ils seront plantés sur leurs rives hors de leur courant, de leur direction et leurs attaques ?

On ne dira certainement pas que ceux que je destine à former les bords de la Durance aient besoin de faire plus de force et d'opposer plus de résistance que ceux qui supportent le pont de bois de Bon-pas.

Eh pourquoi donc les eaux ne font-elles pas cet effet sur ceux de ce pont ni sur son lit, bien qu'ils soient en opposition directe et constante à toutes leurs fureurs , et qu'ils les irritent en leur résistant , en coupant leur impétuosité ?

Dira t-on qu'elles creuseront le lit, qu'elles attaqueront les pieux par leur racine et les arracheront ? Mais elles ne font rien de tout cela au pont de Bon-pas; mais quel creux ne faudrait-il pas qu'elles fissent pour les découvrir et les arracher ? Mais comment pourraient-elles les emporter et faire brèche à la barrière , quand ces pieux seront liés les uns avec les autres et soutenus par elle de toutes les manières ?

Ces pieux seraient mis à découvert dans

toute la longueur qui se trouve enfoncée dans la terre, qu'ils n'en résisteraient pas moins à l'action des eaux, et qu'ils leur opposeraient encore leur union et la force de leur masse.

Mais on conçoit que tout cela n'est pas possible par toutes les raisons que j'en ai déjà données.

Au reste, j'ai raisonné, à cet égard, dans une supposition qui ne peut pas avoir lieu, parce que, dans mon plan, il est impossible que les eaux puissent jamais se jeter sur ces barrières d'une manière directe, les attaquer ni leur nuire.

Il n'est pas dans leur nature de creuser leur lit ni le sol sur lequel elles coulent, tant que rien les y force, et par conséquent de saper les fondemens de leurs bords jusqu'à leur destruction.

Ce danger même, s'il pouvait en être un, aurait bientôt disparu, parce que cette barrière sera en peu de temps confondue dans la terre, qui se mettra à son niveau au moyen du comblement que je prépare, et parce qu'alors elle ne fera plus qu'un corps avec elle; de manière que ce lit se trouvera enfoncé dans la profondeur des terres et n'aura plus qu'elles pour bords. Alors il sera bien impossible que les eaux avec toute leur impétuosité puissent les attaquer et les détruire, surtout quand ces bords leur opposeront en front une chaîne de pieux aussi forte , aussi solide, et aussi bien fortifiée.

Pourra-t-on avoir la même crainte pour la seconde barrière que je destine à contenir les eaux qui surpasseraient la contenance de ce lit? Mais celle-ci aurait bien moins à redouter leurs efforts.

Quand ce lit sera plein, il ne sera plus question de la variation du cours des eaux , ni d'aucune attaque directe. Plus la masse des eaux sera grande, plus elle sera obligée de suivre sa direction naturelle , et moins elle pourra agir sur ses flancs, parce que leur force se portera toute entière dans leur lit.

La vîtesse des eaux étant égale et uniforme dans toute la largeur du lit, leur force et leur masse étant dans son centre , elles ne porteront au dehors que leur surabondance , dont les bords seront sans force et sans malfaisance, et dont ces barrières n'auront qu'à empêcher l'extravasation. Il n'est donc pas possible qu'elles l'attaquent.

Cette barrière sera donc toujours assez forte pour les contenir et leur résister; soit parce qu'elle sera faite avec la même solidité que la première ; soit parce qu'elle n'aura plus rien à craindre de leur agression, tant que le premier lit sera plein, et qu'il portera la masse des eaux.

On voit donc que ces barrières auront par

leur nature même toute la solidité et toute
la force possibles, qu'elles seront plus sûres
et plus efficaces que ne pourraient l'être des
digues en pierres, dont nous avons vû plusieurs
n'avoir pu résister aux efforts des eaux, avoir
été facilement entamées et emportées en détail; tandis que celles-ci ne fesant qu'un
seul corps joindront à leur propre force celle
qu'elles emprunteront de la profondeur de
la terre et de leur union, et ne pourront
être ruinées ni en entier ni en détail.

Une digue particulière en bois et isolée
au bord du lit, pourrait être attaquée et
emportée si la force des eaux se portait sur
elle, parce qu'elles pourraient l'entamer par
ses extrêmités qui seraient sans appui, ou
même par ses fondemens; et cela n'aurait
lieu que parce que les eaux viendraient l'attaquer directement; et parce qu'elle serait sans
défense et sans soutien. Mais une barrière
de cette nature qui régnerait dans toute la
longueur du lit, qui serait fortifiée de toutes
les manières, partout et dans ses extrêmités,
ne pourrait jamais être entamée; parce qu'elle
ne ferait qu'un corps; elle le pourrait d'autant moins, que les eaux ne pourraient pas
se diriger sur elle, et qu'elles n'auraient jamais
qu'à la cotôyer et à la longer.

Il suffit donc de se bien pénétrer de la
nature de ces barrières, de leur formation

et de leur force , pour être convaincu qu'il est impossible d'en construire qui puissent mieux s'accommoder au caractère de cette rivière , lui opposer plus de résistance et remplir mieux notre objet.

Quand ensuite on considère quelle doit être leur fonction , quand on examine le caractère de cette rivière , l'effet du cours de ses eaux, de leur inconstance, et les causes des maux qu'elles peuvent faire ; et quand on veut en faire l'application au projet que je propose , on est forcé d'avouer qu'il est impossible de lui donner un lit et des barrières qui lui conviennent mieux, qui s'accordent mieux avec elle, qui soient plus fortes et plus propres à la contenir.

Après avoir démontré la solidité du lit et la force de ces barrières, après avoir perfectionné l'encaissement, il me reste à examiner son effet, et à voir s'il est à craindre que les eaux de la Durance par leurs déblais , nuisent à leur propre lit et à la navigation du Rhône ?

C'est ici la quatrième question ; j'ose dire que c'est la seule qui puisse mériter quelque attention , parce qu'on peut par des subtilités, par des conjectures ou des allégations erronées, qu'on fait circuler dans le monde sans crainte d'être contredit, induire facilement à erreur, ceux qui n'ont pas une connaissance bien raisonnée de cette rivière et du Rhône.

8

QUATRIÈME QUESTION.

Est-il à craindre que les déblais nuisent au lit de la Durance , et à la navigation du Rhône ?

Comme c'est ici le point sur lequel il m'a paru qu'on s'est le plus appesanti, et que c'est de sa solution que dépend la solidité de l'encaissement, je tâcherai de me faire bien comprendre.

J'ai établi en fait, et d'après la nature même des choses, que l'un et l'autre sont impossibles.

J'ai dit que l'ingénieur en chef du département des Bouches-du-Rhône, qui avait été chargé par son administration d'explorer la Durance, de rechercher la cause des maux qu'elle fait, et d'en indiquer le remède, avait proposé à cet égard des vues générales imprimées que j'ai sous les yeux.

Qu'il avait remarqué et établi en principe, comme un fait positif; *que la Durance n'a plus comme anciennement la faculté de transporter une énorme quantité de cailloux, mais seulement de déplacer ceux qui forment son lit.*

Je n'examine pas si anciennement elle avait cette faculté, dont je ne vois aucun témoignage autre que la prévention générale qui subsiste encore; car il est peu de personnes qui ne croyent que les graviers qui sont dans le lit de cette rivière, lui arrivent réguliè-

rement des hautes montagnes de Provence ;
il me suffit de cette assertion , pour établir
qu'il n'en vient pas.

Ensuite j'ai posé en fait, d'après ce même
ingénieur qui me paraît avoir beaucoup étudié
la chose , que la Durance et le Rhône se
sont réglés de manière qu'ils se sont mis au
niveau l'un de l'autre ; et j'ai ajouté , d'après
les notions que j'ai acquises sur les lieux et
qui y sont de notoriété publique , que la
Durance ne charrie rien dans le Rhône ; que
ses graviers ne se mêlent pas avec ceux de
ce fleuve ; qu'on le reconnaît , parce qu'ils
diffèrent les uns des autres , et parce qu'on les
distingue ; et qu'aux approches du Rhône le
lit de la Durance s'est exhaussé , de manière
qu'à une petite distance il se trouve plus bas.

Il est encore à remarquer , et ceci ne peut
être connu que par l'expérience , que le gravier
de la Durance quand il est humide , a en
lui-même un liant, une tenacité , qui résiste
à son creusement et qu'on ne retrouve pas
ailleurs ; ce qui le rend plus difficile , et au
besoin plus dispendieux.

Si ces points de fait sont exacts, il sera
facile de sentir que ces craintes sont absolument chimériques ; examinons-les :

Est-il bien vrai que la Durance n'apporte
pas avec elle des cailloux de la partie supérieure au détroit, et qu'elle ne fait que dé-

placer les graviers qui sont dans son lit ?
Première question.

Est-il vrai qu'elle ne charrie rien dans le
Rhône ? Seconde question.

La première me paraît prouvée parfaitement
non seulement par le fait et par l'expérience ,
mais encore par la nature des choses.

Je dis par le fait et par l'expérience , parce
qu'on ne voit dans le lit de la Durance au
dessous du détroit , que les mêmes graviers
qui y ont toujours été , et qu'on n'y trouve rien
de cet amâs immense qui devrait nécessairement s'y être accumulé depuis une si longue
série de siècles , et y former des montagnes
capables de forcer ses eaux à changer de lit.

Objectera-t-on que l'impétuosité des eaux
les entraîne au loin et les répand sur toute
la surface de leur lit ? Mais alors ce lit serait
entièrement comblé , et on devrait toujours
en trouver des monceaux considérables quelque part , surtout dans les plaines les plus
voisines du détroit , dans celle qui sépare le
terroir de Pertuis de celui du Puy ; parce
que les eaux peuvent s'y étendre en toute
liberté , et qu'alors perdant nécessairement
de leur force elles sont obligées de déposer
des fardeaux qu'elles pouvaient facilement emporter quand elles étaient comprimées , mais
qu'elles ne peuvent plus soutenir quand elles
cessent de l'être.

On devrait d'autant plus les y trouver, que la pente et par conséquent la rapidité des eaux, sont beaucoup moindres au dessous qu'au dessus du détroit.

Et si malgré ces obstacles qu'y opposent la nature et la localité, la rivière au lieu de les déposer, avait encore la force de les charrier, que deviendraient-ils ? Il faudrait bien qu'on les retrouvât quelque part.

On ne les retrouve point dans toute la longueur du lit, quoiqu'il ne forme qu'une plaine continuelle, parsemée à la vérité de quelques montagnes, placées de distance en distance, tantôt à droite, tantôt à gauche, mais toujours environnées de plaines, dans lesquelles les eaux ont la liberté de s'étendre, et qui par conséquent ne resserrent pas leur cours.

Dira-t-on qu'elle les porte au Rhône ? Mais tout-à-l'heure je prouverai que cela n'est ni vrai ni possible.

Si donc on ne retrouve nulle part ces immenses déblais qu'on suppose qu'elle a dû charrier depuis qu'elle passe dans ce détroit, c'est-à-dire, depuis une aussi longue révolution de siècles ; il faut nécessairement admettre, qu'en fait il n'est pas vrai qu'elle en apporte rien au dessous et dans cette plaine.

Il y a plus : non seulement cela n'est pas vrai en fait, mais encore il est impossible, parce que ce serait contre la nature des choses.

Si, au dessus de ce détroit, la Durance coulait entre des montagnes dans un défilé étroit, par lequel ses eaux seraient comprimées ; il serait sans doute possible qu'elles charriassent avec elles toutes les matières qui entreraient dans ce défilé, ou qui y tomberaient des montagnes riveraines, et qu'elles les emportassent jusques dans la première plaine ; cela serait l'effet naturel de leur compression, et n'aurait lieu que parce que ces matières seraient entrées dans le défilé, et seraient soumises à l'action des eaux ; mais alors encore faudrait-il les trouver quelque part.

Or, il s'en faut bien que cela soit ainsi.

Le détroit de Mirabeau n'est que l'étranglement de deux montagnes, au dessus desquelles se trouve une plaine vaste connue sous le nom de Negreau que la Durance a confondu dans son lit, et dans laquelle ses eaux s'étendent en toute liberté avant d'entrer dans ce détroit qui la termine au couchant.

Quand les eaux arrivent dans cette plaine, nécessairement elles s'étendent, elles la remplissent toute entière, et elles perdent de leur force ; ce qui les oblige à déposer ce qu'elles peuvent charrier.

Et quand elles arrivent au détroit, elles éprouvent une répercussion qui les fait refluer sur elles-mêmes, et qui les force à repousser derrière elles les matières dont elles pourraient être chargées, et à les déposer de manière qu'elles ne peuvent entrer dans le défilé que dégagées de tous ces déblais.

Il est donc contre la nature des choses que la Durance entraîne dans ce détroit et dans la plaine aucune de ces matières qu'elle pourrait charrier au dessus.

Elle en est empêchée évidemment par l'étendue de la plaine du Negreau , qui se trouve avant le détroit, et par la répercussion de ces montagnes.

Mais encore est-il bien vrai qu'elle arrive à cette plaine chargée de ces immenses déblais? C'est ce qu'on n'y voit pas. Si réellement elle charriait autant qu'on veut le dire , cette plaine en serait encombrée, et c'est ce qui n'est point.

Si donc elle n'en est pas remplie , et s'il est vrai, comme on peut aisément le voir, que les eaux peuvent toujours s'y étendre librement et l'occuper ; c'est une preuve bien positive qu'elles n'y apportent rien, et moins encore au dessous du détroit.

C'en est une , qu'elles ne peuvent faire d'autre opération que de déplacer les graviers qu'elles trouvent dans leur lit, et les transporter de droite à gauche et de gauche à droite.

Mais est-il bien possible qu'une rivière aussi

impétueuse ne charrie absolument rien avec
elle? Oui sans doute elle charrie; mais ce
n'est que des terres, des sables, et des matières légères qui se mêlent aisément avec
ses eaux ou qui surnagent sur elles.

Elle charrie, mais ce n'est que les matières
qu'elle trouve sur son passage après avoir
traversé le détroit, et qu'elle ne fait que
déplacer et transporter d'un endroit à un autre ,
de manière que cela n'ajoute rien au volume
du gravier qui est dans son lit; et ce qui
prouve qu'elle ne l'augmente pas, c'est qu'en
fait il est toujours le même, et qu'elle n'en
porte pas dans le Rhône.

Ainsi donc pour résoudre la première question, je prouve par le fait, par l'expérience ,
et par la nature des choses que cette rivière
ne charrie rien des hautes montagnes dans
la partie inférieure au détroit., et qu'elle
ne fait que déplacer les graviers qui sont
dans son lit.

Mais est-il bien vrai qu'elle ne porte rien
dans le Rhône ?

Je le prouve encore par le fait, par l'expérience, et par la nature des choses.

Je dis que je le prouve par le fait et par l'expérience, parce qu'il suffit de voir le lit du
Rhône, et de comparer ses graviers avec ceux
de la Durance , pour en connaître la différence
et pour être convaincu que ceux-ci n'y arri-

vent pas, du moins dans une quantité sensible.

Cette vérité de fait qui est visible, connue et attestée par les habitans de la contrée, est encore confirmée par la nature des choses.

La Durance arrive directement sur le flanc du Rhône ; eu égard à l'opposition directe qui existe entre le cours de l'un et de l'autre, ils ont été obligés de se mettre de niveau. Cela ne pouvait pas être autrement, parce que le Rhône, qui sans être tout-à-fait aussi rapide que la Durance porte une plus grande masse d'eau, lui opposait une résistance qui n'a pu cesser que par la combinaison de la force de l'un avec la rapidité de l'autre.

Cette résistance du Rhône au mélange de leurs eaux repousse la Durance, la force à refluer sur elle-même, comme nous avons vu que les rochers de Mirabeau le font à leur passage ; et l'effet naturel et nécessaire de ce reflux est d'arrêter son impétuosité, de modérer sa force, de l'obliger à déposer sur ses derrières ce qu'elle pourrait charrier, et à joindre ses eaux aux siennes d'une manière douce et tranquille.

Les eaux de la Durance, pour être admises dans ce fleuve, sont forcées de se dépouiller de toute matière étrangère, et de se mettre dans l'impossibilité de lui en porter aucune.

Elles se sont mises dans cette impossibilité au moyen du dépôt de ces matières étran-

9

gères qui ont exhaussé la partie de leur lit la plus proche du fleuve ; exhaussement qui est un effet nécessaire du reflux qu'opère sa répercussion.

Si donc cet exhaussement existe réellement, comme on ne peut pas le nier, il est évident que la Durance ne peut rien porter dans le Rhône.

Dès-lors tout cela est l'effet nécessaire de la nature des choses, et répond par l'évidence même à la seconde question.

Il est donc vrai, que d'une part la Durance ne charrie et ne peut rien charrier au dessous du détroit de Mirabeau, et de l'autre qu'elle ne peut rien porter au Rhône.

De ces deux vérités il résulte nécessairement que cette rivière ne peut ni obstruer son lit, ni nuire à la navigation de ce fleuve.

Dira-t-on ici que les eaux, quand elles seront réunies et concentrées dans un lit fixe, en deviendront plus fortes et plus rapides, qu'elles remueront leur propre sol, et qu'elles se serviront de ce déblai pour produire cet effet ?

Mais cela n'est pas possible ; d'abord, parce que la largeur de son lit étant uniforme et leur rapidité étant égale, il n'est pas possible qu'elles le creusent, et qu'elles portent les déblais dans un autre endroit du lit où il aura la même largeur, où les eaux auront la même force et la même impétuosité, et où elles agiront toujours de la même manière ; ni dans le Rhone qui les refuse.

Dira-t-on que cela pourrait être l'effet de
la variation de leurs crues ; qu'il pourrait se
faire que dans une crue faible ou moyenne, les
eaux creusent leur lit à droite pour en porter
les déblais à gauche, et qu'elles tendent à dénaturer ainsi et à obstruer leur lit ?

Mais c'est encore impossible, à cause de la
manière dont le lit sera fait, et du caractère
liant qui est particulier au gravier de cette rivière ; et parce que les eaux ne le creusent
jamais que quand une cause étrangère les y
oblige.

Quand le lit sera fixé, quand les eaux seront concentrées dans des bornes étroites,
et quand elles occuperont continuellement
toute sa largeur, elles ne pourront plus varier dans leur cours, ni agir sur les graviers
qui forment leur lit.

Elles ne pourront pas varier ni errer dans
leur lit, parce que je leur en ôte la faculté
en le formant de telle manière qu'elles seront
toujours obligées de couler dans la même ligne, quelle que soit leur crue ou leur masse,
et qu'elles ne pourront faire d'autre effet que
s'exhausser sur elles-mêmes, et en sortir que
lorsqu'elles auront acquis un volume assez
grand pour s'élever au dessus de la première
barrière. Elles ne le pourront pas, parce que
les basses eaux comme les grandes occuperon

toute la largeur du lit , ce qui les empêchera d'y
errer et de le creuser , d'aut ant plus qu'elles
auront toujours leur tendance , leur poids et
leur force dans le point central.

Elles ne pourront pas non plus le creuser,
puisque j'ai démontré par plusieurs raisons
incontestables et par un exemple qui dissipe
tout doute possible , qu'il n'est pas dans la nature des eaux d'un torrent , lorsqu'elles
courent en ligne droite dans un lit resserré ,
de le creuser ; soit parce qu'elles ne portent
leur force et leur action que devant elles ,
soit parce qu'elles n'agissent ni par la partie
inférieure ni par la partie supérieure de leur
volume , et qu'elles ne peuvent pas agir sur
leur sol.

Si elles pouvaient le creuser, quel serait
le terme de ce creusement ? Le lit s'enfonce-
rait donc toujours ; puisque les déblais ne seraient pas remplacés ; cependant cela ne se voit
nulle part, et c'est parce qu'il ne peut pas être.

S'il était possible d'admettre que malgré
tout cela elles le pussent, ce ne serait jamais
que pour entraîner ces déblais dans le centre
du lit, où sera toujours leur tendance et leur
force ; en ce cas il faudrait admettre aussi
qu'elles les emporteraient, parce qu'il serait
impossible que rien pût s'établir dans son sein
et arrêter leur impétuosité. Où donc les em-
porteraient-elles ?

C'est précisément ce qui doit résulter
nécessairement du resserrement du lit dans
des bornes tellement étroites que les eaux
l'occupent toujours tout entier sans pouvoir
varier, et c'est ce qui prouve bien mieux
encore que la largeur de 140 toises est plus
que suffisante, afin que les eaux quelque basses
qu'elles puissent être, occupent toute cette
surface.

Remarquez qu'en réduisant la largeur du
lit à cet espace, j'ôte aux eaux le moyen
de porter leur action sur les graviers qui
seront au dehors; qu'alors enfermées dans
des barrières étroites, elles n'auront plus aucune puissance sur cette vaste étendue de
terres qu'elles parcourent actuellement, et
qu'il leur sera impossible d'en rien remuer
et d'en rien porter au Rhône.

Dès-lors elles ne pourraient, absolument
parlant, agir que sur ceux qui seront dans le
nouveau lit, et s'il est prouvé qu'elles n'apportent rien de la partie supérieure au détroit
de Mirabeau, comment pourrait-on craindre
que les graviers qu'elles pourraient puiser dans
ce lit pussent être assez considérables, soit
pour l'obstruer, soit pour nuire à la navigation du Rhône? Ils ne pourraient jamais
l'obstruer, puisqu'ils seraient emportés par
la même force qui les aurait soulevés.

Eh ! comment la navigation de ce fleuve

pourrait-elle être gênée par ces déblais, ?

Est-ce que les rivières de la Drome et de l'Isère, qui sont non moins rapides et plus grandes que la Durance, qui comme elle descendant des Alpes se jètent transversalement dans le Rhône, et peuvent bien mieux qu'elle y charrier des âmas considérables de déblais, l'encombrent et nuisent à sa navigation ?

Si les charrois de ces rivières beaucoup plus dangereux que ceux de la Durance, ne portent aucun préjudice au cours ni à la navigation de ce fleuve, comment pourrait-on avec bonne foi le craindre de ceux de la Durance, et s'en faire un prétexte pour empêcher une entreprise nécessaire, dont les avantages sont immenses et sentis de tout le monde, et dont on ne pourrait priver l'intérêt public, l'État et la Provence, sans faire le plus grand de tous les maux ?

J'ai prouvé de la manière la plus inniable que la Durance ne charrie rien des montagnes au dessous du détroit, et qu'elle ne peut rien porter dans le Rhône; je l'ai prouvé par l'exemple de tout le passé, qui dément et détruit absolument la possibilite de cet encombrement, et de toute crainte à cet égard, et par la nature même des choses.

En outre, j'ai démontré qu'il n'est pas dans la nature d'un torrent tel que cette rivière de creuser son propre lit, surtout quand elle est ressérée dans des bornes étroites ; que si elle le pouvait, non seulement son lit ne serait jamais dans le même état, mais encore qu'il tendrait à s'approfondir, par cette seule raison qu'elle ne reçoit aucun déblai des montagnes supérieures, et qu'elle ne pourrait porter les siens nulle part, et que cela serait contre l'expérience et la nature.

J'ai fait voir avec les ingénieurs qui l'ont étudiée comme moi, que la seule opération que ses eaux fassent et puissent faire, c'est de déplacer les graviers qui sont dans son lit, et qu'elles ne les déplacent qu'à cause de leurs vagabondages, de l'immensité du terrein qu'elles occupent, et des obstacles que les ouvrages des hommes mettent à leurs cours, qui la rendent inconstante et dévastatrice, chose qui ne pourra plus avoir lieu.

Il est donc de toute impossibilité physique, qu'elle puisse ni obstruer son lit, ni fournir aucun prétexte pour fonder ou justifier une crainte chimérique, ou une conjecture erronée, que tout dément et détruit.

S'il est vrai que tel soit le caractère de cette rivière ; s'il est vrai qu'elle ne reçoive aucun déblai de la montagne, et qu'elle n'en porte aucun au Rhône en l'état actuel des choses ; comment pourrait-on avec quelque apparence de raison, dire que cet encombrement aura lieu quand elle sera encaissée ? Comment pourrait-on dire que son impétuo-sité fera alors ce qu'elle n'a jamais fait, ce qu'elle ne fait pas aujourd'hui ; et que le Rhône recevra alors ce qu'il refuse maintenant ?

Qui ne voit, qui ne sent que la Durance une fois encaissée n'aura plus aucune autre puissance, que celle d'égaliser sa pente, de faire disparaître les inégalités que ses vicis-situdes ont pu produire, et auraient laissées dans certains lieux de son nouveau lit, mais qu'il lui sera bien impossible de rien charrier dans le Rhône.

Cela lui sera impossible, d'abord parce qu'elle ne pourra plus errer, vagabonder, ni rien déplacer dans son lit qu'elle occupera toujours dans toute sa largeur, parce qu'elle n'y trou-vera plus rien à charrier ; ensuite parce qu'il n'est pas de sa nature de le creuser.

Il n'est donc ni vrai ni possible que la na-vigation du Rhône ait rien à craindre des pré-tendus déblais de la Durance ; il ne l'est donc pas qu'alors elle fasse sur ce fleuve ce qu'elle n'a jamais fait, ce qu'elle ne fait pas aujour-d'hui, ce qu'elle pourra bien moins faire quand elle sera encaissée.

Ce serait se faire d'une prévention, d'une conjecture idéale et dépourvue de toute base, un prétexte pour contester la possibi-lité de l'encaissement de cette rivière, c'est-à-dire, une opération aussi nécessaire , aussi utile, aussi avantageuse pour la prospérité publique.

Comment en effet pourrait-il tomber sous les sens , qu'une conjecture purement idéale , et qui n'a de fondement que dans la volonté de l'homme ; qu'une crainte de quelque nature qu'elle soit , quand elle est dépourvue de base et de vérité , puisse devenir un obstacle dans une affaire de cette importance ?

Comment pourrait-il tomber sous les sens qu'une telle crainte pût l'empêcher , quand elle ne tend pas à faire douter du succès ni des avantages de la chose , et quand elle ne peut aboutir qu'à faire appréhender un mal incertain, dont rien ne justifie la réalité , et qu'au contraire tout détruit.

Ne serait-ce pas un refus pur et simple de faire le bien public, un refus volontaire d'exécuter ce que l'intérêt réuni, de la patrie, de l'Etat et de tous les propriétaires réclament impérieusement ?

J'ai beau calculer toutes les probabilités , tout ce qui est possible, je ne vois rien qui puisse permettre à un homme raisonnable une objection seulement spécieuse.

J'ai beau interroger tous ceux qui peuvent faire naître en moi quelque réflexion nouvelle ; je n'ai entendu encore que des préventions , des doutes , ou des craintes qui n'expliquent

10

rien , qui ne vont pas au fait, et qui ne dé-
truisent ou ne peuvent détruire rien de ce qui
est et de ce qui doit être dans l'ordre de
la nature.

L'étude que j'ai faite de cette rivière , de
son confluent avec le Rhône , et les notions
que j'ai acquises sur son état actuel , sur le
reflux de ses eaux et sur son effet, en me
donnant la conviction de la bonté de mon
projet , m'ont fait appercevoir un danger qui
me paraît n'avoir pas été assez apperçu , qui
pourtant me semble mériter quelqu'attention ,
mais auquel il est facile d'apporter remède.

Il serait, ce me semble, peut-être plus rai-
sonable de craindre que les eaux du Rhône
étant de niveau avec celles de la Durance
qui se jètent sur elles en ligne directe , et
les fesant refluer sur elles-mêmes ne produi-
sissent dans cette partie des inondations dont
l'effet serait d'altérer son lit et ses barrières.

Je m'explique :

L'expérience prouve que la Durance arrive
directement sur les flancs du Rhône, que
celui-ci refuse tout ce qu'elle peut charrier,
qu'il fait refluer ses eaux sur elles-mêmes,
et les oblige à déposer sur leur derrières ce
qu'elles apportent, c'est-à-dire, ce qu'elles
déplacent, de manière que cette partie du
lit s'en est exhaussée.

Si cela continue de la même manière, comme

il n'en faut pas douter , cette partie du lit
de la Durance s'exhaussera jusqu'au point de
l'obliger à changer de lit, et à prendre une
autre direction ; et cela arrivera d'autant plutôt
que la rivière livrée à elle-même , comme elle
l'est aujourd'hui , ne cessera pas de faire ces
déplacemens , et d'augmenter cet âmas de
déblai et cet exhaussement.

Il paraît certain qu'alors les eaux de la
Durance ne pouvant plus le surmonter , seront
forcées de prendre une autre direction : et
s'il faut en juger par la localité , elles seront
obligées de la prendre à droite dans le terroir
d'Avignon , parce qu'à gauche les côteaux de
Château-Renard et de Barbentane s'opposeront
à leurs cours.

En ce cas il y aurait ce double inconvénient, que la rivière coulant plus au nord ,
se mettrait davantage en opposition avec le
cours du Rhône qu'elle remonterait, ce qui
augmenterait la difficulté de sa jonction, et
qu'elle serait forcée de faire au terroir d'Avignon des dégâts immenses , dont rien ne pourrait le garantir , et dont on ne peut prévoir
le résultat.

Alors quelle que fût la nouvelle direction
qu'elle prendrait , il serait indispensable de
chercher à grands frais un remède aux maux
immenses qu'elle ferait ; et c'est une raison
de plus de le faire aujourd'hui.

L'encaissement de la Durance seul peut les éviter , et même y couper tout-à-fait racine.

Je sais bien qu'il diminuerait considérablement ce danger, mais il ne suffirait pas pour l'extirper entièrement.

Ce ne serait pas le déblai de la Durance qui pourrait obstruer son lit, car il y en aura bien moins après qu'avant l'encaissement ainsi que je l'ai démontré , et même pas du tout; mais ce serait les âmas de sable qu'elle charrie, les graviers que le Rhône soulève , et les inondations de l'un ou de l'autre qui, par l'effet du reflux qui subsistera toujours , combleraient l'extrêmité du lit , ébranleraient la barrière et sa chaussée, et nuiraient à son encaissement.

Le même danger existerait donc encore , mais d'une autre manière; cependant il est un moyen d'y remédier en faisant l'encaissement.

Je ne puis ni ne dois l'expliquer ici , par certaines raisons particulières qu'il est facile de sentir, et parce qu'il ne pourrait pas être apprécié; il ne peut être bien connu et jugé, que par l'inspection de la localité ou du plan , et tout ce que je pourrais en dire ne suffirait pas pour me faire comprendre de manière à imposer silence à la critique ou à l'envie.

Je le ferai connaître en faisant le plan que cette opération exige, alors il sera facile de

se convaincre, qu'il est aussi certain et aussi
sûr que l'encaissement que je propose.

Si le lecteur juge que j'ai bien rencontré
dans mon projet, il pensera que je puis aussi
bien éviter ce mal , que ceux que cause la
Durance.

Je l'éviterai, je ferai qu'il n'y aura plus
de reflux entre les eaux de l'une et de l'autre ,
qu'elles s'uniront et couleront ensemble parfaitement d'accord sans se contrarier et sans
se nuire , de manière qu'il ne pourra plus y
avoir ni répercussion ni comblement, et que
l'un et l'autre feront leur cours et leur office
en toute liberté.

De cette union il résultera nécessairement
une garantie assurée contre les invasions de
la Durance , et une sureté parfaite pour toutes
les possessions riveraines , surtout pour le
terroir d'Avignon, qui, sans être privé de l'u-
sage de ses eaux , n'aura plus à se garantir
que des entreprises du Rhône.

Mais si ensuite on considère qu'alors les
eaux de la Durance seront concentrées dans
leur lit et dans le canal que je pratique dans
son centre, qu'alors elles couleront naturellement et sans obstacle , qu'elles arriveront
dans le Rhône sans contrariété , sans répercussion et sans reflux; on sentira que non
seulement la navigation de ce fleuve ne pourra
pas être altérée par l'effet de cet encaissement,

mais encore qu'on aura rendu la Durance
elle-même navigable ; on verra qu'alors il sera
possible de la remonter presque aussi facilement que le Rhône, qui en certains endroits
est aussi rapide qu'elle.

Qu'on ne s'y trompe pas, si la Durance
n'est plus navigable dans cette partie, c'est
uniquement à cause du reflux que ses eaux
éprouvent en arrivant dans le Rhône, et du
comblement de son lit qui s'oppose au passage
des bâteaux ; et si elle n'est que flottable
dans la partie supérieure, c'est parce qu'elle
n'a pas de lit fixe, parce qu'elle erre dans
un espace immense et se divise en plusieurs
branches, de manière que la masse d'eau nécessaire pour la navigation manque à son cours.

Otons ces obstacles ! ôtons ce reflux et sa
cause ! ôtons leur la possibilité de se repro-
duire, en donnant à la rivière un lit fixe, en
concentrant ses eaux sur un seul point, et
en les fesant arriver dans le Rhône sans aucune difficulté ! et nous aurons donné au cours
des eaux la réunion et la centralisation dont
la navigation a besoin.

Elle ne sera pas bornée à la partie inférieure comme elle l'a été dans un temps,
parce que les eaux seront réunies, parce
qu'elles seront resserrées dans un seul canal
qui deviendra navigable, attendu qu'elles auront acquis une masse et une profondeur suffi-

santes, et qu'elles se donneront une pente uniforme dans toute la lougueur du lit ; alors les
bâteaux pourront la remonter jusqu'au détroit
de Mirabeau, et communiquer avec le canal
qu'on se propose en ce moment de faire pour
conduire ses eaux à Marseille. Ils pourront
se servir, pour leurs trains, de la largeur que je
laisse entre le bord du lit et la seconde
barrière.

Tous ces avantages, qui sont la suite nécessaire de mon projet, méritent bien qu'on les
recherche et qu'on s'efforce de les obtenir.

Qu'on ne vienne pas répéter ici que la Durance alors devenue plus concentrée et plus
rapide creusera son lit, qu'elle en charriera
les déblais dans le Rhône qui ne pourra plus
les repousser ; et que ces déblais pourront
nuire à la navigation de l'un ou de l'autre !
parce que j'ai déjà détruit cette objection par
mille raisons toutes plus puissantes l'une que
l'autre, déduites du caractère de la rivière,
de la localité et de la nature des choses.

Mais lors même que malgré toutes ces
preuves on pourrait admettre qu'elle creusera
son lit et charriera ces déblais, on ne pourrait pas supposer que cette opération soit
éternelle et puisse en porter au Rhône une
quantité considérable, et dangereuse.

On ne le pourrait pas, puisque d'une part
il est certain qu'elle n'apporte rien de la

partie supérieure au détroit, et puisque de l'autre on ne peut pas supposer qu'elle creuse éternellement son propre lit, quand rien ne pourrait remplacer ce qu'elle en ôterait.

Dès-lors ces déblais ne pourraient avoir aucune importance, parce qu'ils ne pourraient consister qu'en ce que la rivière pourrait emporter en cherchant à unir son lit et à lui donner une pente uniforme, et ils ne pourraient avoir aucune influence sur leur navigation.

Ils en auraient d'autant moins que le Rhône par sa seule force, les emporterait aisément et les répandrait dans son lit.

Il est donc évident, il est donc vrai de dire que, sous quelque point de vue qu'on considère la chose, il est de toute impossibilité que les eaux de cette rivière obstruent leur lit, ou bien qu'elles tendent à nuire à la navigation du Rhône.

Il n'est donc pas possible de nier que la Durance soit encaissable, qu'elle puisse être contenue dans les bornes que sa nature et son caractère exigent.

J'ai prouvé que la largeur de 140 toises, que je donne à son lit, est plus que suffisante ; qu'il serait même dangereux de l'augmenter, ainsi que le développement des questions qui ont été agitées à ce sujet le démontre.

Je crois avoir prouvé jusqu'à la dernière évidence, que les barrières que j'établis sur ses bords sont aussi fortes aussi puissantes qu'il est nécessaire qu'elles le soient, et qu'on peut le désirer, eu égard à leur destination et à leur effet sur le cours de la rivière. J'ai même prouvé qu'il n'est pas possible d'en faire qui puissent au besoin opposer plus de résistance, ou une résistance plus efficace.

En effet, comment ne seraient-elles pas assez fortes, quand elles ne formeront qu'un seul corps qui puisera sa force dans les entrailles de la terre, et qui sera confondu dans les terres latérales qui les fortifieront ; et quand le lit de la rivière sera enfoncé dans ces mêmes terres qui lui serviront de bord ?

Ensuite, j'ai fait voir, par des raisons déduites de l'expérience et de la nature des choses, qu'il est impossible que cette rivière obstrue son propre lit et nuise ni à son encaissement ni à la navigation du Rhône ; et par une conséquence nécessaire qu'il ne peut en résulter aucun inconvénient pour le projet que je propose.

J'ai été plus loin, j'ai fait remarquer un danger qui existe et qui menace les possessions voisines de l'extrémité du lit de cette rivière ; je l'ai prouvé par le fait même et par son état actuel ; j'en ai fait connaître les suites naturelles et inévitables.

Par ce danger même, j'ai prouvé la nécessité d'y remédier, et j'ai démontré qu'on ne le peut qu'au moyen de l'encaissement que je prescris.

Je crois donc avoir résolu toutes les questions que mon projet a fait naître, et les avoir résolues d'une manière qui ne peut pas laisser matière à doute aux yeux de ceux qui veulent réfléchir, approfondir la chose et découvrir la vérité.

C'est pour ceux-là que j'écris, et non pour ceux qui ne se donnent pas la peine de penser ou de raisonner, qui s'arrêtent à la première idée ou à la plus légère prévention ; et qui, parce qu'ils sont épouvantés des ravages et des fureurs de cette rivière, croient qu'elle est aussi invincible qu'elle leur paraît dangereuse.

Je n'ai pas pu éviter de me livrer à quelques répétitions pour expliquer chaque question ; mais le lecteur sentira que mon projet étant fondé sur une base simple, il fallait en faire l'application à chacune des difficultés, pour rendre la chose plus intelligible.

Qu'on me démontre que je suis dans l'erreur ! et j'en conviendrai sans peine et aussi facilement que j'ai reconnu le poids des difficultés que je me suis fait à moi-même, et que j'ai mis de soin à les résoudre ; parce que je ne puis avoir d'autre but que le succès d'une chose plus glorieuse que lu-

crative pour moi ; mais dont les avantages pour
la prospérité publique sont au dessus de toute
idée , et dont l'utilité est tellement sentie et reconnue , qu'il n'y a personne qui ne la désire
ardemment.

Si je dois en croire ce qui m'est rapporté
de toute part , mon projet a été jugé , et son
exécution est attendue impatiemment par tous
les habitans des bords de cette rivière. Meil-
leurs juges de la chose et de leur intérêt que
personne autre, ils ont su apprécier l'utilité
de mes vues , que mon premier mémoire leur
a fait connaître , en provoquant leur opinion.

J'ai rempli ma tâche à cet égard , je crois
avoir prouvé la bonté , la solidité de mon projet , peut-être plus encore par sa simplicité ,
par sa naïveté qui le met à la portée du jugement de tout homme , que par mes raisonne-
mens ; je crois même qu'il n'est pas possible
de nier que le mode que j'ai imaginé ne soit
celui qui peut le mieux s'accomoder au caractère de la Durance , et remplir l'objet qu'il
faut avoir pour rendre cet encaissement éternel.

Il ne me reste donc qu'à parler de ma
soumission , à la régularité de laquelle on a
fait quelques reproches qui me mettent au cas
d'y faire quelques changemens , et dont pourtant les conditions sont toujours subordonnées
à l'autorité royale.

SUR MA SOUMISSION.

On a reproché à ma soumission de n'être pas régulière et conforme à la loi.

Les uns ont cru ses conditions trop avantageuses, et d'autres trop onéreuses pour moi.

La loi du 16 septembre 1807 qui semble avoir pour unique objet le dessèchement des marais, dont elle porte le titre, s'applique à tous les travaux d'utilité publique; elle embrasse nécessairement l'encaissement d'une rivière telle que la Durance, d'autant mieux, qu'il tend à dessécher des terres immenses qu'elle occupe, qu'elle inonde, qu'elle enlève à l'agriculture, à donner à toutes les possessions riveraines qu'elle désole ou menace, la sûreté qu'elles n'ont pas, à toutes celles qui pourront utiliser ses eaux, la fertilité et l'abondance, et à toutes les contrées voisines la salubrité.

En rétablissant les vrais principes de l'intérêt public, en lui subordonnant le droit de propriété particulière, elle a su concilier avec sagesse les droits de l'un et de l'autre, de manière que le bien public puisse être toujours fait, sans que personne puisse s'y opposer, et sans que chaque propriétaire soit privé de l'exercice de ses droits, ni qu'il puisse être lésé.

Elle a voulu que tous ceux qui recueilleron un bénéfice quelconque de cette opération y contribuent également et proportionnellementt, par un sacrifice d'une partie de ce bénéfice.

Lorsqu'il s'agit comme ici d'une entreprise vaste, qui intéresse un grand nombre de propriétaires qui ne sont pas réunis, qui ne peuvent pas l'être, ou bien de laquelle l'État et des communes peuvent retirer quelque avantage, elle laisse à l'autorité royale seule, le pouvoir de juger son utilité, de la faire exécuter, ou d'en donner la concession, et d'en régler les conditions, eu égard à sa nature, et aux circonstances, c'est-à-dire, de fixer la quotité de la rétribution qui devra être supportée par chaque partie.

J'ai vu des personnes qui ont paru craindre l'admission de mon projet, dans la persuasion qu'elles seraient soumises à une imposition considérable, sans en retirer aucun fruit. Elles ont mal compris ma soumission, et la loi, lesquelles n'exigent de personne, qu'une partie du bénéfice qu'il en obtiendra, et lui réservent la faculté d'invoquer la loi, s'il se croyait lésé. Je suis donc obligé de les détromper à cet égard et de dissiper leurs craintes.

J'en ai vu d'autres qui disent avoir le droit de dériver les eaux de la Durance, et qui croient qu'elles seraient lésées, si elles étaient

soumises à payer au Gouvernement une rétribution, à raison des martelières que l'État
sera obligé d'entretenir pour leur fournir l'eau.

Mais il n'est aucun de ces concessionnaires
qui ne soit soumis à des dépenses considérables pour dériver les eaux de la Durance,
et les conduire à leur prise, laquelle n'est
jamais établie qu'en terre ferme ; qui ne soit
exposé à les renouveller souvent à cause de
l'inconstance, et des continuelles augmen-
tations ou diminutions des eaux, et même à
manquer d'eau.

Il en est même, ainsi que je l'ai déjà prouvé,
qui par le moyen de ces dérivations, attirent
la rivière sur la terre, et lui donnent la
facilité et le moyen de la ravager et de
l'emporter.

Si donc le Roi, par raison d'intérêt public,
fait encaisser la Durance, établit les martelières nécessaires pour fournir les eaux à
tout le monde, et s'il se charge de cette
fourniture afin que jamais personne ne puisse
en manquer, et n'ait ce prétexte, pour altérer
en rien ni le lit, ni le cours des eaux, ni
les martelières elles-mêmes : il est évident
que ces concessionnaires jouiront des eaux
sans peine et sans danger, qu'ils seront assurés
de n'en manquer jamais, et qu'ils seront dis-
pensés de toutes ces dépenses qui sont considérables.

Dès-lors la rétribution qu'ils seront soumis à payer ne sera que leur représentation ; elle sera une économie pour eux, et une assurance de jouir sans aucun obstacle des eaux de la rivière. Ils ne seront donc pas lésés, ils ne pourront donc pas l'être.

Ils pourront d'autant moins l'être, que leur droit sera respecté et mis en rapport avec l'intérêt public, que le Gouvernement sera toujours obligé de veiller à la conservation de la chose et des droits de chacun, parce que les siens en seront inséparables.

Cette loi veut donc deux choses, la première, que l'autorité royale puisse examiner la bonté et l'utilité du projet ; la seconde, qu'elle ait le pouvoir de régler les conditions de son exécution ; il est évident que l'une est dépendante de l'autre.

C'est par cette raison qu'elle prescrit par mesure préliminaire la levée du plan de l'objet, avec toutes les indications et opérations nécessaires pour asseoir une opinion exacte sur sa nature, sur ses dépenses et sur ses produits.

Mais en même temps elle soumet l'entrepreneur à faire ces dépenses préliminaires, sauf son remboursement par ceux qui obtiendraient la concession à des conditions plus avantageuses.

Cette disposition de la loi s'applique naturellement à toute espèce d'entreprise ordi-

naire, et purement mécanique dont l'admission
est assurée et certaine, parce qu'elle est d'un
genre connu, à la portée de tout le monde, et
parce qu'elle peut être exécutée par tout
homme. Mais elle ne peut guère recevoir son
application dans cette circonstance où le projet
est singulièrement vaste, où il a un objet
extraordinaire, où il a bien plus le mérite de
l'invention que celui d'un travail mécanique,
où l'exécution exige des lumières ou des notions
qu'on ne peut guère espérer de trouver que
dans celui qui l'a imaginé et conçu, et où son
admission n'est pas assurée.

Les dépenses préliminaires que cette loi
exige, sont trop considérables dans cette circonstance, pour qu'on puisse raisonnablement
les exiger de l'auteur du projet, qui n'en a
pas besoin pour lui; parce que ce serait rendre
son exécution impossible, attendu que l'in-
venteur d'un projet, quelqu'utile qu'il soit,
serait empêché de le produire, s'il devait être
soumis à les faire dans l'incertitude d'en être
rembourse, ou d'en obtenir la concession.

Il est donc sensible que ce projet sort de
la classe des travaux ordinaires; et que c'est
à la sagesse de l'autorité royale à y pourvoir.
Il doit suffire pour intéresser sa sollicitude,
que les bases sur lesquelles il est fondé soient
naturelles, justes et certaines, qu'elles paraissent devoir produire l'effet qu'il promet, pour

qu'elle cherche à se procurer les instructions dont elle a besoin pour faire le bien public, d'autant mieux que cette dépense très-légère pour lui, serait aussi onéreuse qu'inutile à l'auteur, dont la soumission n'est pas encore admise, et peut ne pas l'être.

Mais on concevra facilement que ce plan qui ne serait pas l'ouvrage de celui-ci, qui serait celui d'un autre, ne pourrait pas remplir l'objet qu'il doit avoir. Il me semble donc que, s'il plaisait à l'autorité royale de l'ordonner, il serait juste que je fusse autorisé à le faire faire aux frais de l'État, tel que je le conçois et que j'entends l'exécuter ; parce que ce serait le vrai, le seul moyen de l'éclairer et de la convaincre, lorsqu'elle doute si elle doit admettre une soumission qui n'exige d'elle aucune dépense, mais seulement son approbation, une soumission qui ne peut être refusée qu'avec la certitude positive de l'inéfficacité du projet.

Il n'y a donc que l'autorité royale qui puisse dans sa sagesse prendre les mesures que l'intérêt public exige à cet égard.

La seconde chose que prescrit cette loi, c'est le règlement des conditions de la concession. Elle les subordonne à la volonté du Roi, à cause de la variété des circonstances qu'il est impossible de prévoir : et il n'en est aucune comme celle dont il s'agit ici ; puisque ce

I 2

projet sort des entreprises journalières, et des moyens connus, même des études ordinaires.

Comme le règlement des conditions de ma soumission est inséparable de son admission, je me bornerai à faire remarquer que, pour en connaître toute l'importance, il faut se pénétrer non seulement de l'étendue du projet et des différentes opérations qu'il embrasse, mais encore des difficultés qu'il faudra vaincre à cause de l'inconstance et du vagabondage de cette rivière.

L'exécution de ce projet demande beaucoup de choses dépendantes l'une de l'autre, qui ne peuvent être faites que successivement, avec beaucoup d'attention, d'art, de soin et de dépenses.

Ceux qui ont dit que les conditions contenues dans ma soumission étaient onéreuses pour moi ont eu raison ; parce qu'il est vrai que les dépenses sont plus grandes que je ne l'avais cru d'abord ; elles le sont à cause de la nature et de la difficulté de certains travaux à faire, et de certaines précautions à prendre pour les rendre solides ; elles le sont d'autant plus que j'y ajoute encore pour rendre la Durance navigable.

C'est pourquoi j'ai cru devoir y faire quelques changemens, dont la levée du plan fera connaître la nécessité et l'avantage. Alors il sera plus facile d'apprécier ces dépenses et ma soumission.

Je ne répéterai pas ce que j'ai dit des moyens d'indemnité, et de la distinction des droits de propriété, parce qu'il m'a paru qu'ils ont été généralement adoptés, et parce qu'ils sont conformes à la loi de 1807.

Plus j'étudie ce projet et son exécution, plus je considère les obligations qu'il entraîne pour celui qui, en l'exécutant, a un besoin indispensable de réussir; et qui doit nécessairement y attacher bien plus sa gloire que son intérêt; et plus je sens la grandeur des dépenses qu'il nécessite. Cependant elles ne sont pas telles qu'il n'en résulte un plus grand bien pour la prospérité publique, un plus grand avantage pour l'État et un plus grand bénéfice pour toute la Provence et pour les propriétés voisines.

J'ai dit dans ma soumission, et je le répète, que je ne demande au gouvernement ni avances ni secours pour l'exécution de mon projet; que j'en prends sur moi toutes les chances; avec d'autant plus de confiance que je suis certain de son succès, que je n'expose l'État à aucune perte ni à aucun danger, et que l'indemnité que je réclame ne peut être réelle que par sa réussite.

On ne peut pas même craindre que, dans le cas où il n'aurait pas le succès que j'en attends, il puisse en résulter aucun préjudice pour personne, parce qu'en l'état où se trouve cette rivière, il est impossible que les travaux que j'y ferai puissent ajouter aux maux qu'elle fait.

J'avais imaginé que la considération de tous ces avantages dégagés de toute dépense et de toute crainte, jointe à la nature et à l'importance d'un projet qui tient d'aussi près à la prospérité publique, aurait suffi pour autoriser l'admission de ma soumission, ou tout au moins m'aurait mérité une réponse pour me demander la solution des doutes qu'on pouvait se faire ou les explications qu'un objet aussi essentiel aurait pu faire désirer à ceux qui veulent être éclairés ; attendu qu'on ne pouvait obtenir tout cela que de l'auteur du projet, puisqu'il n'y a que lui qui puisse rendre raison de sa pensée, et qu'il n'est donné à personne de condamner un tel projet d'emblée.

Mais puisque j'ai fait erreur à cet égard, j'ai dû chercher à deviner ces doutes et à les résoudre par des démonstrations que je crois invincibles : j'ai dû rectifier ma soumission et me conformer davantage aux principes de justice et d'équité et aux formes que la loi établit, et qui dirigent la sagesse de l'autorité royale.

L'intérêt que j'ai au succès de la chose est déjà une garantie suffisante de son exécution, qu'on ne peut pas raisonnablement croire pouvoir être l'ouvrage de moi seul ; surtout quand je n'ai rien à recevoir du gouvernement ni des propriétaires riverains.

Il importe donc peu de savoir quels seront mes moyens d'exécution, lorsque je me charge de toutes les dépenses ; parce qu'il doit suffire que j'exécute, et que j'entreprenne les travaux dans le délai qui sera fixé.

Inutilement on voudrait jeter de la défaveur sur ma personne ou sur mes sentimens, inutilement la calomnie et la cupidité jalouses de me nuire de toutes les manières abuseraient de l'isolement auquel je me suis réduit, et m'accuseraient de chercher à faire une spéculation ou bien de n'avoir en vue que mon intérêt. J'ai assez prouvé qu'il ne fut jamais le mobile de ma conduite, que je l'ai toujours foulé aux pieds et que je ne prends jamais conseil de lui ; il est connu que c'est le seul reproche qu'on ait jamais pu me faire.

Supérieur à toutes ces passions que je méprise, je n'écoute que l'impulsion d'un cœur qui ne me reproche rien, et je cherche à terminer avec la même pureté de sentiment une carrière toujours persécutée et dont je m'honore ; et je me console en consacrant toutes mes pensées à la gloire du Roi, et à la prospérité publique ; mais tout cela doit être étranger à mon projet, et à son admission.

Je l'ai dit, mon unique but est de faire cesser un fléau qui désole ma patrie, de faire jouir l'État et la Provence des avantages immenses qui, sous tous les rapports, doivent néce ssairement résulter d'une opération qui rendra à jamais mémorable le règne du Souverain qui la fera exécuter , et d'ajouter cette preuve de mon dévouement à l'auguste Dinastie des Bourbons à celles que toute ma famille n'a jamais cessé de lui donner.

Puisque je ne puis en recueillir le bénéfice moi-même de mon vivant, je ne suis et ne puis être mû que par la gloire et par le désir de faire le bien de tous. Si ce sentiment peut encore m'être nuisible', ce ne sera qu'un sacrifice de plus à joindre à tant d'autres.

J'ai donné à mon projet tout le développement qu'en l'état j'ai cru nécessaire pour le faire connaître , pour résoudre tous les doutes possibles , et pour convaincre tout homme qui sait apprécier la nature , le caractère et la marche d'un torrent. Je crois avoir détruit toutes les craintes , les difficultés qui peuvent arrêter l'opinion de ceux qui n'ont pas une connaissance raisonnée de la chose , mais qui désirent sincèrement la prospérité publique ; et je n'imagine pas qu'il soit désormais possible de contester la bonté du projet.

Elle est telle , elle est si évidente et si palpable , qu'il semble qu'il ne puisse y avoir aucune raison pour ne pas l'exécuter , quand il ne peut en rien coûter à l'Etat.

Il n'est pas possible qu'il ne vienne un jour où il sera mis à exécution.

Mais ce jour peut-être je ne le verrai pas : peut-être je n'aurai pas même la satisfaction de voir approuver ces idées que l'amour de mon pays m'a inspirées ; car il est rare que l'auteur d'un projet d'intérêt majeur en obtienne la gloire, et qu'il l'exécute lui-même.

Il sera mis à exécution ; car quelque changement qu'on ait l'air d'y faire, on ne pourra jamais en dénaturer les bases qui en sont l'âme et le principal mérite.

Il sera mis à exécution ; parce qu'il deviendra nécessaire tôt ou tard ; et parce qu'il n'y a pas de meilleur moyen d'enchaîner ce fléau.

Quant à son exécution, j'ai dû m'en charger comme une preuve de la certitude que j'ai de sa bonté, et je crois avoir tout dit à cet égard lorsque j'ai avancé que M. Saurin, qui a construit le pont de bois de Bon-pas, qui a fait ses preuves, et qui tient plus au soutien de sa réputation qu'à l'intérêt, veut bien se charger de sa direction.

Les moyens que je propose pour encaisser cette rivière, sont aussi simples que naturels. De l'aveu de toutes les personnes qui la connaissent ils sont immanquables. Non seulement leur réussite est indubitable, mais encore ils portent avec eux le caractère de leur bonté et de leur solidité. Ce caractère est tel, qu'il est impossible que des craintes chimériques, des conjectures ou des préventions puissent faire

douter de son succès. Aussi bien je suis très-
convaincu que MM. les ingénieurs, et les
gens de l'art, ne pourront pas le méconnaî-
tre, avoir une opinion contraire, ni la justifier
aux yeux du public, d'autant mieux qu'il sort
des règles ordinaires de l'art hydraulique.

Il s'agit ici d'une entreprise qui intéresse
tout à la fois, l'humanité, le bien de l'État,
de la Provence et de ses habitans, et qui a des
rapports infinis avec la prospérité du royaume.

Combien d'entreprises de toute nature on
fait dans les diverses parties de la France,
lesquelles sont plus dispendieuses, plus dan-
gereuses, moins nécessaires et moins utiles
pour la prospérité publique !

L'encaissement de la Durance a pour objet
de garantir de ses incursions toutes les contrées qui l'avoisinent, de faire cesser les maux
qu'elle cause à la sûreté des citoyens et de
leurs propriétés, et de rendre la salubrité à
tous ses environs.

En enchaînant ce torrent dévastateur, qui
a toujours été le fléau de la Provence, on
lui donnera le moyen d'être plus utile aux
générations futures, qu'il n'a été funeste aux
générations passées.

On rendra à l'agriculture l'industrie, au commerce et à la population des terres immenses
qu'il leur ravit ; on portera avec ses eaux la
fertilité et l'abondance dans les contrées les

plus reculées ; on la rendra navigable dans une partie de son cours ; et on donnera au commerce de Marseille un moyen de communication avec l'intérieur du royaume , s'il est vrai que l'on exécute le canal qui doit conduire les eaux de la Durance jusqu'à cette Ville.

Que de biens cet encaissement ne ferait-il pas à la France , à la prospérité publique et à la Provence ? que de possessions immenses le domaine ne recouvrerait-il pas !

Tous ces biens sont aussi grands que réels. Mais ce qu'il y a de plus admirable, c'est que tout cela peut être l'effet d'un seul acte de l'autorité royale ; c'est qu'elle peut l'obtenir par un seul mot de sa volonté, sans qu'il en coûte rien au gouvernement , sans quil ait aucune chance, aucun danger à courir , sans même qu'il ait aucun préjudice à craindre ; puisque le soumissionnaire ne lui demande aucun secours et puisque la non réussite elle-même du projet ne pourrait jamais être préjudiciable qu'à son auteur.

Il ne dépend donc que de la sagesse de l'autorité suprême d'agréer l'hommage de ma soumission, et de confier son exécution à celui qui met sa gloire à en être l'auteur et l'instrument.

Fait à Aix, le 29 Mai 1825.

BILLARD , *Avocat.*

www.ingramcontent.com/pod-product-compliance
Lightning Source LLC
Chambersburg PA
CBHW071529200326
41519CB00019B/6130